感谢国家自科基金委的资助

多目标多主体共生视角下农地城市流转决策与利益协调机制研究（71403083）

｜光明社科文库｜

共生视角下农地城市流转
决策与利益协调机制

黄烈佳◎著

光明日报出版社

图书在版编目（CIP）数据

共生视角下农地城市流转决策与利益协调机制 /
黄烈佳著. --北京：光明日报出版社，2019.3
ISBN 978 - 7 - 5194 - 5105 - 9

Ⅰ.①共… Ⅱ.①黄… Ⅲ.①农业用地—土地流转—
研究—中国 Ⅳ.①F321.1

中国版本图书馆 CIP 数据核字（2019）第 040161 号

共生视角下农地城市流转决策与利益协调机制
GONGSHENG SHIJIAOXIA NONGDI CHENGSHI LIUZHUAN JUECE YU
LIYI XIETIAO JIZHI

著　　者：黄烈佳

责任编辑：郭思齐　　　　　　　责任校对：赵鸣鸣
封面设计：中联学林　　　　　　责任印制：曹　净

出版发行：光明日报出版社

地　　址：北京市西城区永安路 106 号，100050

电　　话：010 - 63131930（邮购）

传　　真：010 - 67078227，67078255

网　　址：http：// book. gmw. cn

E - mail：caomeina@ gmw. cn

法律顾问：北京德恒律师事务所龚柳方律师

印　　刷：三河市华东印刷有限公司

装　　订：三河市华东印刷有限公司

本书如有破损、缺页、装订错误，请与本社联系调换，电话：010 - 67019571

开　　本：170mm × 240mm

字　　数：208 千字　　　　　　印　　张：15

版　　次：2019 年 4 月第 1 版　　印　　次：2019 年 4 月第 1 次印刷

书　　号：ISBN 978 - 7 - 5194 - 5105 - 9

定　　价：78.00 元

摘　要

　　在土地市场充分发育的国家和地区,其农地城市流转主要通过市场机制来运作,中国合法的农地城市流转途径属于政府行为。而流转制度的不完善及农地流转前后巨大的利益差造成了流转数量失控、效率低下及各主体之间冲突不断等问题。这些问题与冲突的产生既有城市化发展正常用地需求的原因,也有农地城市流转决策比较重经济效益轻社会生态效益、决策机制还不完善,利益分配不合理的因素。在城市郊区住宅快速发展时期,农地城市流转的参与主体将更加广泛,参与目标将更为复杂。如何减少冲突与矛盾,构建和谐城乡社会,促进新型城市化的发展,实现多目标多主体的共生,成为政府进行农地城市流转亟待解决的重要课题。本研究认为只有实现农地城市流转多目标多主体的共生才是问题的解决之道。基于此,从共生的视角对农地城市流转决策与利益协调机制进行系统研究,这不仅具有前瞻性和现实性,而且具有重要的理论和实践意义。理论上,将共生理论引入土地利用变化研究之中,可以丰富土地利用变化的理论与研究内容,拓展农地城市流转的研究视角;实践上,多目标体系、多参与主体的利益诉求与动机的分析及其共生系统的构建可为农地城市流转的调控提供直接的理论依据与实践指导;研究结果可为协调农地城市流转中经济、社会与生态效应之间的关系,处理各参与主体利益冲突提供实践指导,有利于农地城市流转制度的改革与共生系统的良性循环。

本研究以共生理论、博弈论、可持续发展理论等为依据,运用系统分析、定性与定量、理论与实证相结合的方法,从农地城市流转的不同阶段,对农地城市流转的征地制度、储备制度及出让制度的历史沿革进行了梳理,揭示了制度缺陷及其引起的农地城市流转决策问题。其后,在明晰农地城市流转的多目标体系、多主体利益诉求的基础上,构建农地城市流转多目标多主体的共生系统,并对组成共生系统的共生单元、共生环境及共生模式进行了系统分析,重点从博弈的角度探讨了不同阶段各参与主体之间的共生模式。最后,以武汉市为例,利用 2010—2017 年的土地供给数据,从土地市场化程度探讨其与农地城市流转的关系,分析多目标多主体之间利益冲突及其原因,最终构建农地城市流转的利益协调机制,以促进多目标多主体的共生。研究得出:

(1)在城市化加速发展、郊区住宅快速发展的特殊阶段,农地城市流转是不可避免的。农地的过度流转有城市化发展的正常原因,也有决策的主观因素,其中,制度缺陷是造成农地城市流转问题及冲突的根源;(2)农地城市流转是一个涉及多重目标、多主体参与的系统工程,不同的目标体系存在不同的矛盾,各参与主体的利益诉求与动机也存在冲突。厘清多目标的主要矛盾,协调主要参与者的利益冲突及其在农地城市流转中的主要角色是实现多目标多主体共生的基础;(3)农地城市流转的多目标多主体共生系统是一个由共生单元、共生环境及共生模式组成的系统,其中不同的阶段通过行政或市场机制的手段实现合作或非合作博弈共生,但是这些共生还处于初级阶段,没有达到一体化共生;(4)随着土地制度改革的深入,土地市场化程度得到了快速提高,但是还存在不均衡的状态,如中心城区与近郊区市场化程度较高,增长也较快;而远城区的土地市场化水平仍然很低,同时增长缓慢;商服用地与普通住宅用地市场化程度高,增长较快,而仓储与工业用地市场化水平较低,而且增长缓慢;作为优化土地资源配置的重要手段,市场化机制不完善及其引起的问题是农地城市流转的多目标多主体利益冲突产生的主要原因;(5)在明确多主体利益冲突根源的基础上,构建了农地城市流转利益协调机制,主要包括权利约束机制、利益分配机制、公众参与机制及市场机制,这是实现农地城市流转共生的关键。最后为了实现系统的共生,针对研究结果及其存在的问题,本研究从共生单元、共生目标、共生环境及共生关系等方面提出了促进农地城市流转决策共生系统稳定和谐发展的政策建议。

全文共分为六个部分,包括十个章节,具体安排如下:

第一部分(第一章与第二章)为引言与文献综述部分。阐述了研究背景与研究意义、研究目的与研究内容、研究方法与研究区域;其后,在综述前人研究的基础上,提出了本研究的基本思路、研究视角、研究方法以及本研究的特色与创新之处。

第二部分(第三章)为基础理论部分。在介绍农地城市流转基本原理的基础上,重点阐述了本研究的基础理论,如区位论,博弈论、共生理论及可持续发展理论等,同时分析了这些理论对本研究的启示。

第三部分(第四章)为农地城市流转问题研究部分。从农地城市流转制度沿革出发,阐述了农地城市流转不同阶段(土地征收阶段、土地储备阶段以及土地出让阶段)的制度缺陷,在明晰农地城市流转决策问题的基础上,分析了农地城市流转决策理论及其存在的问题,最后探讨了农地城市流转制度改革的新趋势。

第四部分(第五章与第六章)为农地城市流转共生系统的构建与分析部分。主要从多目标多主体共生的视角对农地城市流转共生系统进行了分析,在探讨其系统构成的基础上,主要从土地征收与土地出让阶段分析了不同参与主体之间的博弈共生模式,最后分析了共生系统的特征及其发生变化的影响因素。

第五部分(第七章与第八章)为实证与机制构建部分。以武汉市为例,从土地市场化程度探讨其与农地城市流转的关系。在分析农地城市流转参与主体利益冲突根源的基础上,构建了农地城市流转利益协调机制,以促进多目标多主体的共生。

第六部分(第九章与第十章)为结论与对策建议部分,第九章针对所存在的问题提出相应的对策建议;第十章总结本研究得出的主要结论及不足。

关键词:多目标多主体的共生;共生理论;农地城市流转决策;博弈论;利益协调机制

目　录
CONTENTS

图 目 录

表 目 录

第一章

引　言

城市郊区是土地竞争最激烈、城乡矛盾最突出的区域,也是农地向城市用地转变最为剧烈的区域。该区域在其农地城市流转过程中各种冲突不断,城乡之间、各利益主体之间、经济社会与生态环境之间的冲突与矛盾尤为突出。这些冲突与矛盾的产生既有城市化、工业化用地正常需求的原因,也有农地城市流转决策重经济效益、轻社会生态效益,决策机制不完善,利益分配不合理等因素。在大城市郊区住宅迅速发展的今天,农地城市流转的参与主体将更加广泛,参与目标将更为复杂。因此,如何减少冲突,构建和谐城乡社会,促进新型城市化的发展,实现多目标多主体的共生,将成为政府进行农地城市流转亟待解决的重要课题。本研究正是基于这样的背景,从农地城市流转制度缺陷及其造成的流转问题出发,以"共生理论"为基础,探讨农地城市流转多目标多主体的共生。在此基础上,构建郊区住宅快速发展阶段农地城市流转决策与利益协调机制,为调控农地城市流转提供直接的理论参考与实践指导。

第一节　研究背景与研究意义

农地城市流转是指在城市发展中,城市土地需求者通过经济或行政手段将城市附近农村土地转变为城市土地,以满足城市土地需求的过程,它包括土地所有权的转移与土地利用方式的转变两层含义(张安录,

2000)。本研究的农地城市流转主要是指农村土地向城市(住宅)用地流转,具体是指在城市郊区住宅快速发展阶段,农村土地不断转化为城市(住宅)用地的过程,也包含"城边村"土地商品住宅开发的过程。城郊农地城市(住宅)流转一方面满足了人们的居住与建设的需求,另一方面城市郊区大量农地的流失破坏了城市周围乡村土地景观、加剧了区域性人地矛盾、恶化了城郊生态环境,由此带来了一系列人口、资源、生态环境等问题与冲突。因此,作为社会理性决策者,如何协调好"发展与保护"两者之间的关系是进行农地城市(住宅)流转决策的核心内容,也是政府在新型城镇化阶段面临的重大难题。本研究认为只有实现农地城市流转多个目标的共生、多个参与主体的共生才是问题的解决之道。

自从 1995 年,《土地利用/土地覆盖变化(LUCC)科学研究计划》发表以来,土地利用/土地覆被变化成为全球变化研究的核心领域之一。农地城市流转作为城市化进程中土地利用变化最突出的类型,直接或间接地影响着粮食安全、气候变化、水资源、生物多样性及生态系统,对地球生命支撑系统的威胁可能更为直接(李秀彬,1999)。近 30 年来,中国快速城市化导致的农地流失更是国际社会争相探讨的热点。为此,中国也实行了世界上最严格的耕地保护制度。但从近年来制度实施的情况来看,仍存在耕地过度非农化的情况(Levy et al. ,2003),现行耕地保护制度与政策实施的效果并未达到预期目标(刘彦随,2014)。根据国家统计局公布的数据,2015 年城市化率为 56.1%,没有达到城市化的第二个拐点。《中国健康城市建设研究报告(2016)》的数据显示:到 2020 年我国城市化率将达到 60%。可见,未来几年,农地进一步向城市流转不可避免。2017 年 2 月国务院颁发了《中共中央国务院关于加强耕地保护和改进占补平衡的意见》,意见围绕构建最严格的耕地保护体系,以保护更加有力、执行更加顺畅、管理更加高效为目标(周怀龙等,2017),再一次体现了在新型城镇化推进中加强耕地保护的理念。可见,耕地保护工作仍然是我国工作的重中之重。如何有效地保护好耕地,科学决策是关键,而协调好"发展与保护"两者之间的关系是进行农地城市流转决策的核心内容,也是政府在新型城镇化阶段面临的重大难题。本研究认为只有实现农地城市流转多目标多主体的共生才是问题的解决之道。因此,在发展新型城镇化、社会转型时期,从多目标多主体共生的角度去探讨农地城市流转决策与利益协调机制具有重要的理论与现实意义。

1.农地城市流转过程中造成的问题严重影响了社会的和谐,新型城镇化背景下农地城市流转需要更加科学的理论作为支撑

国内外发展事实表明:任何国家在其城市化过程中,农地城市流转问题一直是社会各界颇为关注的热点。随着我国城市化进程的加速发展,农地向城市流转是不可避免的。但由于流转的约束机制不健全,农民权益得不到保障,生态与社会效益未能充分体现,决策机制不完善等原因导致各类事件甚至冲突时有发生,征地流血事件时有报道。另外,环境污染、违法征用耕地、流转效率低下、流转后土地空置现象等问题严重影响了社会的和谐稳定。而一些城市的盲目发展,造成了大量"鬼城"的出现(王翌康,2014),不但没有促进经济的发展,反而造成了土地资源严重的浪费。在国家提出积极稳妥推进城镇化,着力提高城镇化质量的背景下,为避免农地城市流转过程中出现的冲突与资源环境等问题,必须探讨更加科学的决策理论与方法。

2.农地城市流转决策机制的完善是进行科学流转、确保耕地资源安全及土地高效利用的关键与保证

2013年12月底国家公布的第二次全国土地资源调查数据显示,土地资源的基本国情没有改变,我国必须继续实行最严格的耕地保护制度,继续坚持土地资源的节约集约利用。可见,"发展与保护"仍是我国面临的挑战。人多地少,耕地后备资源不足的现实加大了农地城市流转的风险;同时,信息资料的缺乏、未来的不确定性使我们无法准确预知未来土地与粮食的需求量及经济增长率,农地城市流转面临极大风险。因此,农地城市流转必须谨慎,快速的经济增长不能以耕地等资源的大量消耗、环境的破坏、"三农"的牺牲为代价,必须建立、完善科学的农地城市流转决策机制,应对复杂多变的环境与发展形势。

3. 多目标多主体的共生是农地城市流转决策与利益协调机制完善的目标与关键

农地城市流转不仅具有多个目标,而且事关多个主体的利益。在土地市场发育充分的国家或地区,农地城市流转主要是通过市场机制来运作。我国合法的农地城市流转属于政府行为,政府特别是地方政府作为农地城市流转的直接决策者。在其进行决策过程中,往往重经济效益,轻环境效益与社会效益;重土地需求者的利益,轻农地使用者及相关主体的利益。这也是流转冲突不断发生、生态环境受到破坏的主要原因。将难以确保实现耕地保护的目标,难以提高我国城镇化的质量。因此,这就需要我们在借鉴发达国家与地区流转经验的基础上,建立起适合自己国情的流转决策理论框架。而社会理性决策者需要综合考虑多个目标与多个主体之间的均衡关系,最终实现多主体多目标的共生,这是完善农地城市流转决策机制的目标与关键,也是构建各参与主体利益协调机制的基础。因此,以典型区域武汉市作为研究区域,以共生理论为基础,探讨多目标多主体的共生。并在此基础上,构建农地城市流转决策与利益协调机制,这不仅具有前瞻性和现实性,而且具有重要的理论和实践意义。本研究可以丰富城市快速发展时期农地城市流转的理论与研究内容,拓展了农地城市流转研究的新视角,为协调与处理各个参与主体的利益关系提供直接的理论借鉴。研究结果可为郊区农地城市流转的调控提供理论依据与实践指导,为两型社会的构建提供案例与理论支持,增加了操作的可行性。

第二节　研究目的与研究内容

一、研究目的

本研究的总体目标是从特大城市郊区农地城市流转现状及问题出发,分析现有农地城市流转决策存在的不足,以共生理论为基础,着重从多目标多主体共生的视角,系统分析农地城市流转决策的目标体系,构建农地城市流转决策的共生系统,探讨引起农地城市流转共生系统变化的影响因素,完善农地城市流转决策机制,最终达到构建农地城市流转决策利益协调机制的目的,为郊区住宅的可持续发展,郊区农地城市流转的调控提供直接的理论借鉴与实践指导,以促进郊区农地的和谐流转。具体研究目标如下:

(一)以新的理论共生理论为基础构建多目标多主体的共生

不同参与主体的行为特点对农地城市流转决策具有不同的影响,而且不同主体之间的目标具有一定的动态性与冲突性,如何实现多目标多主体的共生是政府在农地城市流转决策过程中需要解决的问题。本研究从农地城市流转参与主体的行为特征出发,运用共生理论探讨多目标多主体的共生。

(二)农地城市流转决策共生系统的构建

农地城市流转共生系统是由共生单元、共生模式和共生环境所组成的一种共生系统。构建与完善农地城市流转共生系统是决策机制完善的关键。本研究基于农地城市流转多目标体系的分析,探讨共生单元在共生环境下的共生模式,明确有利于共生系统稳定发展的因素,以促进农地城市流转决策机制的完善,最终实现多目标多主体的共生。

(三)多目标多主体共生目标下农地城市住宅流转利益协调机制的完善

这是本研究的关键,也是本研究的最终目的。本研究基于多目标多主体共生理论,针对不同利益主体的特点与行为,有选择地运用市场机制和政府干预手段,构建多目标多主体共生目标下的农地城市(住宅)流转各主体利益协调机制,最终为农地城市(住宅)流转决策提供理论指导。

二、研究内容

农地城市流转与耕地非农化、农地非农化的含义有所区别,但本质是一致的,都是城市化进程中土地(农地或耕地)资源在农业部门和非农部门之间配置的问题(张宏斌等,2001;诸培新等,2002;钱忠好,2003)。由于农地的多功能性、稀缺性、外部性及公共物品等特点,在城市化发展进程中,农地城市流转一直是国内外学者关注的热点问题。本研究在综述前人研究的基础上,从农地城市流转制度沿革及其引起的农地城市流转决策问题出发,针对传统农地城市流转理论基础的不足,特别引入了新的理论基础"共生理论"作为农地城市流转决策与利益协调机制研究的理论基础。本研究的主要内容如下:

(一)农地城市流转制度沿革及其决策问题分析

住宅郊区化是城市化进程中的必然阶段,是城市发展到一定程度后的必然过程。随着一些大城市的中心城区出现了交通拥堵,环境污染,人口过度密集等一系列问题。为了追求开敞的空间与良好的居住环境,中心城区的人口和企业逐步向外迁移,形成了一种相对于城市中心区集中化的离心分散现象。作为中部特大城市与两型社会构建试验区的中心城市,近年来武汉市近郊区人口增长速度最快,增长率达到了29.31%,中心区的人口增长率达到了23.74%,郊区化的扩散力量强于人口向中心聚集的力量。随着武汉六大新城组群的逐步形成,远城区得到迅速发展,三环线以外的土地成交面积激增,远城区土地成交面积继续保持大幅度增加,超过主城区的成交量。在未来一段时期内,郊区农地向城市(住宅)用地的进一步流转将不可避免。如何避免发达国家与地区城市郊区大量农地流转的不良后果,这里主要从农地城市流转制度沿革及其不同阶段制度缺陷出发,分析农地城市流转及其决策问题存在的制度原因,最后探讨了制度改革的新趋势,如从征地到集体经营性建设用地入市等,为促进农地城市流转决策与参与主体的利益协调机制的构建奠定基础。

(二)共生理论及多目标多主体共生的农地城市流转决策理论架构

"共生"本是一个生物学概念,由德国真菌学家德贝里(A. de Bary)在1879年首先提出,意指不同种属的生物按某种物质联系共同生活。20

世纪 50 年代以后,共生思想渗透到社会诸多领域。1998 年,我国学者袁纯清首先运用共生理论对我国小型经济问题进行了分析,构建了共生理论的概念体系、逻辑框架和基本分析方法(袁纯清,1998)。从而将作为生物学的共生学说创新为社会科学的共生理论,给人们提供一种认识自然、社会现象的新的境界、新的思维和新的方法,也为我们研究农地城市流转提供了新的理论基础。从一般意义上讲,"共生"指共生单元之间,在一定的共生环境中按某种共生模式形成的关系,它由共生单元、共生模式和共生环境三要素构成。对于农地城市流转这一现象而言,运用共生理论对共生单元、共生关系、共生系统进行分析不失为一种有益的探讨。从本质上讲,农地城市流转的过程实际上就是通过构建、调整、优化共生单元的共生条件、共生界面、组织模式和行为模式来建立一个和谐、互惠、稳定的、一体化的共生系统的过程。因此,针对农地城市流转的多目标与多主体性,如何实现多个利益主体的共同发展和多重目标的共同实现是进行农地城市流转决策的关键,为农地城市(住宅)流转决策机制提供了坚实的理论基础。最后,在分析农地城市住宅流转问题、冲突及其深层次原因的基础上,针对不同流转决策主体的特点与行为,有选择地运用市场机制和政府干预手段,构建多目标多主体共生下农地城市流转参与主体的利益协调机制。

(三)农地城市流转多目标多主体共生系统构建

从农地城市流转的一般过程出发,将农地城市流转分为三个阶段:土地征收、土地储备及土地出让阶段;明确农地城市流转的主要阶段与特点,分析不同阶段不同参与主体的行为与目标;在此基础上,构建农地城市流转多目标多主体共生系统,并从博弈共生的视角分析农地城市流转不同阶段的共生模式;最后探讨了农地城市流转多目标多主体共生系统变化特征及其影响因素。

(四)农地城市流转市场化及其多目标多主体共生的实证分析

在多目标多主体共生系统构建的基础上,以武汉市为例,从农地城市流转的现状及其时空特征出发,测度了武汉市及其各区域土地市场化程度,分析了其市场化程度的时空差异。其后,探讨农地城市流转现状与市场化程度的关系,从而得出武汉市农地城市流转共生系统的主要问题,为农地城市流转利益冲突的分析奠定了基础。

(五)多目标多主体共生下农地城市流转利益冲突及其协调机制构建

在中央政府与地方政府农地城市流转的委托代理模式中,地方政府既是农地的保护者,又是农地城市流转的利益相关者,同时还是各种规则的制定者。在中央政府监管不及时、监管成本较高的情况下,流转制度尚不完善、土地市场发育缓慢,市场化程度较低,还未能充分发挥其优化资源配置的作用。以地方政府为核心的流转问题及其利益冲突日益严重。因此,明确这些利益冲突及其产生的根源,探讨农地城市流转利益协调原理,构建农地城市流转参与主体的利益协调机制,有利于土地市场的健康发展,促进农地城市流转多目标多主体的共生,最终达到土地资源的可持续利用,具有重要的理论与现实意义。

第三节　研究区域与数据来源

一、研究区域

作为城市化的前沿地带,城乡生态经济交错区的农地城市流转一直是学术界研究的焦点。城乡生态经济交错区是指随着人口的增长、经济的发展和城市化进程的加快,城市不断向四周农村扩张,农村也持续向城市辐合,逐渐形成的一个呈环状分布的似城非城、似乡非乡的独特区域(张安录,1998)。对这一区域的研究最早可追溯到1936年德国地理学家哈伯特·路易斯(Herbert Louis)。他从城市形态结构分析柏林城市的地域结构,首次提出了城市边缘区这一概念,并对其基本特征进行了分析。1968年,英国地理学家科曾(Cozen)从城市开发复杂有序的角度探讨城市边缘区问题,提出经济周期性波动对边缘区的空间结构演变有很大的影响。乌特·莱勒(Ute Lehrer)等(2015)认为郊区包括了所有位于或靠近城市边缘的已经或近期被开发的地域。具体包括一些分散的边缘区、城市边缘、蔓延或半城市地区,连续开发地区的相邻区域,或者介于尚未纳入单中心城市模块的地域、活动空间与可能进行再开发的较老旧、接近中心的地区两者之间的地区。布莱昂特(Bryant)将这种地区命名为"城市近郊地区",该地区是城乡矛盾、城乡土地利用竞争、土地投机行为表现最剧烈的地段,也是农地城市流转最集中的地域,农地在内在自发流转机制和外在人为激化机制的作用下,由农村向城市转移,也是住宅郊区化的重点区域与过渡地带。在城市近郊区能看到土地利用的格局,分别是城市近郊内带,城市近郊外带,城市影响区、偏远农村地带(图1-1)①。

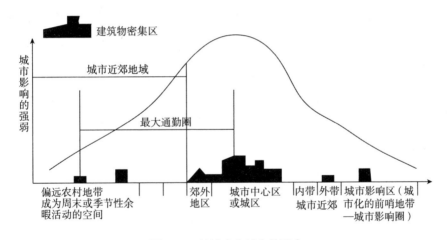

图1-1 地域中心城市的形态

Fig. 1-1 The Form of Regional Central City

这些地带的特征是离城市核心地区越远,城市要素的密度越低。在城市核心区的周围,城市要素具有高密度发展的特点,位于这个地方的农地利用受到各种开发的威胁,土地的投机活动几乎都集中于此。从景观

①　王鹏飞. 大城市近郊地域的农业[M]. 北京:商务印书馆,2016.

上看,尽管农村的活动和农业的利用比较突出,但也能在城市近郊外带看到城市要素不断侵入的各种痕迹,该地带属于城市影响区。在城市影响区中,在某种程度上城市的影响表现为土地由非农民所有,呈现出别墅,高级住宅等无秩序的开发状态。这个地带逐渐向偏远农村地带移动。在偏远农村地带,以周末利用的别墅度假小屋、第二住宅等形式表现出一些城市要素特征。因此,一般情况是城市边缘的农业不仅是在应对城市的开发压力下一点一点地后退,而且是无秩序地后退。

二、数据来源

本研究的数据主要来源于近年来武汉市统计年鉴与土地统计数据、土地利用变更数据、武汉市国土资源和规划局官网公布的 2010—2017 年武汉市土地出让数据及各参考文献中的数据。其中,武汉市农地城市流转现状及其特征分析来源于历年来武汉市统计年鉴、土地统计数据及土地利用变更数据;武汉市土地市场化发展研究中,武汉市及各个区域土地市场化程度及其特征分析来源于近年来武汉市国土资源和规划局官网公布的土地划拨、土地出让等数据;湖北省土地违法数据主要来源于中国国土资源年鉴(1998—2013)。

第四节　研究方法与研究思路

一、研究方法

本研究主要是基于行为学、共生理论及博弈论等理论,运用以下方法对多目标多主体共生视角下农地城市流转决策与利益协调机制进行研究。

(一)文献研究法

文献研究法主要用于收集土地征收、土地储备及土地出让的相关法律、法规和政策文献加以梳理,分析中国现行农地城市流转制度的基本法律制度规定,揭示其制度的构造与特征。

(二)定性与定量相结合的方法

本研究对农地城市流转内涵的界定、农地流转过程中的利益主体行为分析及多主体多目标的共生系统等多运用定性分析。在分析农地城市流转现状及其土地市场化程度时,主要运用了定量分析的方法测度武汉市及其各区域的市场化程度,揭示农地城市流转市场化程度的规律及其时空特征,为满足不同政策目标而有效配置农地资源提供科学依据。

(三)层次聚类分析法

对武汉市 1983—1988、1991—1996、1997—2002 与 2000—2015 四个阶段的农地城市流转数量变化分析后,对其各区域流转情况进行层次聚类分析,揭示武汉市各区域农地城市流转的空间特征及其差异。

(四)模型分析

在分析农地城市流转共生系统的组成要素时,多目标多主体的共生模式主要是通过博弈竞争的方式进行共生,因此,本研究主要通过构建博弈模型对土地征收、土地出让阶段的共生进行分析。

二、研究思路

本研究按照提出问题,分析问题,解决问题的思路,对郊区住宅快速发展时期农地城市流转决策与利益协调机制进行系统探讨(图 1 – 2)。首先从制度与市场两方面对流转及其决策问题、冲突产生的原因进行分析;以共生理论为基础,探讨多目标多主体的共生;在此基础上对农地城市流转决策问题进行系统研究。其次,基于多目标多主体共生的理论构建农地城市流转决策的共生系统,探讨农地城市流转参与主体之间的利益冲突及其根源。最后,针对各主体的行为特点构建多目标多主体共生目标下农地城市流转各主体利益协调机制。

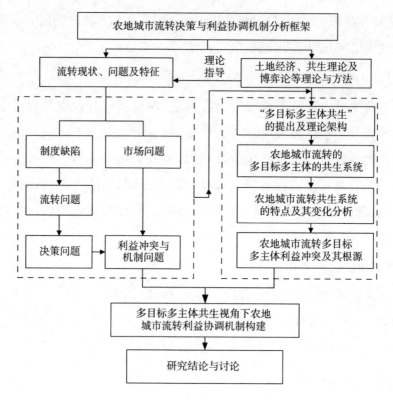

图1-2　本研究的研究思路

Fig. 1-2　The Research Ideas of the Study

第五节　本研究的特色与创新之处

本研究的特色是立足于特大城市郊区农地快速向城市（住宅）用地流转的特殊时期，选择典型区域武汉市为例，从共生的视角，对其郊区住宅快速发展阶段农地城市流转的决策与利益协调机制进行探讨，具有重要的理论价值和现实意义。本研究的创新之处体现在以下几个方面：

一、研究内容的创新性

本研究对农地城市流转后的用途之一城市住宅进行探讨，这将使农地城市流转的参与主体更加广泛,流转目标将更加复杂。前人的研究主要笼统地对农地城市流转进行探讨,对农地向城市住宅用地流转及其决策还少见报道。通过对农地城市流转多目标体系与多主体的利益诉求与动机的分析,分析各目标体系的矛盾与冲突,探讨各参与主体之间的利益冲突及其各自的角色定位,构建农地城市流转多目标多主体的共生系统,该研究具有前瞻性与现实性。

二、研究视角的新颖性

前人的研究主要从农地城市流转前后效益比较的基础上进行决策。尽管在决策时考虑到了农地的非市场价值,但是每个流转主体利益诉求的不一致性甚至冲突性,价值比较的差异未能导致利益的均衡,这样的农地城市流转不利于处于弱势地位的参与主体。因此,只有厘清各主体的参与角色及其目标体系,实现各目标多主体的共生才有利于流转的稳定、有序地进行,有利于和谐社会的构建,可为农地城市流转及其决策的研究提供了新的研究视角。

三、研究理论基础的新颖性

共生作为自然界的一种普遍现象,其逐渐地被应用于社会科学等学科中。由于客观与主观原因造成的土地利用变化与土地覆被,给人类的生存环境带来了极大的挑战。人与环境、人与自然,以及人与人之间的和谐共处也成为社会各界关注的热点。本研究尝试运用共生理论来探讨农地城市流转问题,在构建多目标多主体共生视角下的农地城市(住宅)流转决策共生系统的基础上,从博弈共生的角度探讨农地城市流转的不同阶段的共生模式;其后,从土地供给的不同方式及其土地市场化程度分析目前农地城市流转特征、利益冲突等,最终构建农地城市流转参与主体的利益协调机制,这更加具有理论与现实意义,有利于解决农地城市流转冲突,为农地城市流转提供了新的理论指导。

第二章

文献综述

　　根据国家统计局公布的数据,2015 年城市化率为 56.1%,远没有达到城市化的第二个拐点。未来几年中国的城市化还处于加速发展阶段,一些特大城市已经进入郊区化阶段,住宅郊区化趋势明显。因此,农地的进一步非农化不可避免,尤其土地市场化发育较慢的远城区,如果不注重其土地市场化的构建,远城区将会成为农地城市流转的下一个重点区域。因此,在城市发展的关键时期如何确保郊区土地资源在各个产业之间的有效配置是世界各国关注的重要课题。学术界对农地城市流转尤其是其进程中郊区大量农地的流失问题进行了深入探讨。主要集中于农地城市流转的影响、驱动因素、流转效率及其决策理论、住宅郊区化理论及其应用、共生学说的发展与应用等方面。

第一节　农地城市流转及其决策

一、农地城市流转与否之争

　　农地城市流转是工业化与城市化进程中普遍的过程(Healey et al, 1990;Heilig,1994;Guy et al, 2000;Lin, 2007),土地非农化所造成的耕地流失成为经济与人口快速增长时期的一种全球性现象(Firman,2000;Kuminoff et al. , 2001)。城郊土地应该保持农用还是转为建设用地一直是乡村学派与城市学派争论的焦点(Azadi et al. , 2011)。乡村学派认为农

14

地非农化具有负面影响,农地应保持农用确保粮食产出。而城市学派认为农地非农化是城市增长的正常结果,农产品的减少可以通过集约化与技术来解决,农地非农化并非粮食产出的威胁。尽管争论不休,但是耕地过度的非农化会对农业产出产生巨大的影响。尤为严重的是,这种非农化的增加又会进一步导致相邻地区住宅扩张、周边地区的毁坏及城市的蔓延(Hosseini et al. , 2010;Torre et al. , 2014;Nanda et al, 2014;Martellozzo et al. , 2015)。因此,像中国、日本、美国等国家一直尽力保护农地,制订了一系列的政策措施对耕地进行严格保护以防耕地过度非农化(Wolfram, 1981;Fischel, 1985;McConnell, 1989;Nelson, 1992;Kline et al. , 1998;Bromley et al. ,1990;Duke et al, 2002;Hellerstein et al. , 2002;Lichtenberg et al. , 2008)。目前,发达国家农地保护的目标主要在于:粮食安全、环境服务、乡村环境舒适价值、计划发展方式及健康的地方经济(Hellerstein et al. ,2002)。

二、农地城市流转驱动因素及其效率分析

国内外对农地城市流转驱动因素的研究主要集中在耕地非农化方面。不同的国家与地区的影响因素不同,其耕地非农化规模、速度、强度及趋势也不同(Pierce,1981;Ho and Lin,2004;Azadi et al, 2013, 2015, 2016)。但是在城市化快速推进时期,耕地非农化的驱动因素基本可以分为内部驱动和外部驱动(Plaut,1980;Tan et al,2012; Yar et al,2016)。在众多因子分析中,比较全面的是逻辑结构概念模型。它将农地非农化的驱动因子分为经济、社会、政治与规划、环境及技术5个方面,是一个包括5个潜在变量和20个观察变量的概念模型(见图2-1)。由于潜在因子难以准确测度,许多描述性方法和案例研究仅仅集中于几个驱动因子。因此,目前仍缺乏从经济、社会、政治与规划、环境及技术多维度驱动因子的综合分析方法(Azadi and Barati,2013)。

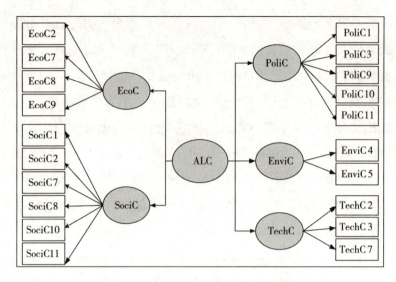

图 2 - 1 农地非农化驱动因子概念模型

Fig. 2 - 1 Conceptual Model for ALC Drivers

中国的农地城市流转具有速度快、范围广与强度高的特点,它在促进经济发展的同时,也引起了严重的社会与生态问题(Chen et al, 2013)。国内较早对农地城市流转进行系统研究的是华中农业大学土地管理学院的张安录教授。此后随着城市化进程的加快,特别是郊区大量优质农地的流失造成一系列人口、资源、环境问题与冲突,学术界掀起了农地城市流转的高潮:张宏斌(2001)、黄烈佳(2006)、吴次芳等(2008)、袁铖(2011)、万胜超等(2012)、许恒周等(2014)、宋戈等(2015)、张孝宇等(2015)、马才学等(2016)对农地城市流转的基本特征及驱动机制进行了探讨,研究认为经济发展、人口增长、固定资产投资是影响农地城市流转的主要因素,土地利用的比较效益和耕地资源禀赋是农地城市流转的基础因素。同时,农地城市流转呈现出以下几个方面的特征(张安录等,2006;黄烈佳,2007;高魏,2009):耕地是城市化工业化进程中农地城市流转的主要流出类型,且在质量等级上多为优质耕地;农地城市流转的区域差异表现明显,主要集中分布在城市新区与城郊;其区域指向性变化明显;农地城市流转的规模、速度与城市化进程高度相关。

农地城市流转的效率也是学术界一直探讨的重点。崔新蕾等（2013）基于数据包络分析法测算了我国 31 个省区 1999—2008 年的农地城市流转效率。结果表明，1999—2008 年我国农地流转的综合效率波动不大，基本保持在 0.7—0.8 左右的效率水平。张雄等（2013）对湖北省及各城市农地城市流转效率进行分析，结果表明湖北省各城市年均人口增长额和人均建设用地指标对农地城市流转效率影响显著且影响水平相当。黄珂等（2014，2015）分别基于前沿分析法与生产函数模型对武汉城市圈农地城市流转效率进行研究后得出：2001—2012 年武汉城市圈农地城市流转综合效率偏低，其中纯技术效率高于规模效率；城市圈农地城市流转效率值在时间上呈先下降后上升趋势，在空间上存在较大差异性。董捷（2015）等基于碳排放的视角运用数据包络分析模型测度了武汉城市圈 42 个县（市、区）农地城市流转效率。结果表明，2007—2012 年，只有 8 个区域为农地城市流转有效单元，规模效率是决定武汉城市圈农地城市流转效率的主要因素，而技术效率无效是城市圈农地城市流转效率低的重要原因。不同的学者从不同的视角对农地城市流转效率进行了大量的分析，研究认为现阶段农地城市流转效率提升潜力较大（黄烈佳，2007；张蔚文等，2011；姜海，2011；董捷等，2015）。针对农地城市流转行为，黄烈佳（2006）、刘帮友（2011）、肖轶等（2011）提出了提高农民耕地非农化的参与权等建议。农地城市流转中村集体、用地单位、地方政府容易形成利益共同体，中央政府调控失灵，被征地农民被动接受不合理的利益分配（王培刚，2007）。胡国平与胡铃（2013）通过博弈分析发现：村民成功监督概率、村民监督成本、对村民代表寻租行为处罚力度及对村民代表设计的工资激励机制等是影响村民代表行为的重要因素，提出了在土地征用中引入村民代表制度，来解决村集体组织的双重委托代理问题。王珊等（2014）研究认为农地流转使得农户家庭总福利水平从 0.413 下降到 0.353。针对农地流转中农民权益损失问题，谷亚光（2010）提出一要严格规范征地范围，完善征地程序；二要提高征地补偿标准，建立合理的补偿机制；三是要把失地农民纳入城镇最低生活保障的覆盖范围并建立失地农民的社会养老保险制度。骆永民和樊丽明（2015）研究发现：农地是农民获取农业收入的保障，但也是获取工资性收入的阻碍，土地对农民总收入的影响并不显著，农村人均土地面积扩大能提高农业投资对农业收入的促进作用，降低其对工资性收入的促进作用。通过使用中国1998—2012年的省级面板数据和计量模型对上述结论进行了验证得出，只有让想从事农业生产的农民有足够的土地使用，让想进城务工的农民成为真正的城市居民，才可以完全实现对农民收入的保障作用。据此，提出加速新型城镇化建设、完善农地流转制度以增强土地的规模化经营，可以在更大程度上发挥土地对农民增收的保障作用。

三、农地城市流转调控与决策模型

尽管各国极力保护耕地，但近些年仍存在耕地过度非农化的情况，这有消极保护的因素，也有耕地非农化调控不力的原因（Levy et al.，2003）。同时，大多数国家耕地非农化是通过市场机制实现。在没有管制的自由市场中，土地转化为城市用地的数量大于社会最优。但因城市用地产生外部性，例如污染、拥挤等，所以政府会通过管制加以调控以实现土地非农化的优化配置。如果管制过度，则会影响经济发展。而农地的非经济价值及其外部性的难以量化也加剧了农地的非农化，同时，地产商之所以购买农地不仅因为农地的价格相对较低，而且因为交错区农地的地块面积比较大，适合进行大规模开发。而这个过程的完成往往能够实现土地价值的增值，这也是农地城市流转的强大动力。因此，为了更好地激励各主体参与耕地保护，构建耕地保护补偿机制，补偿耕地保护主体损失的土地权益，提升耕地保护补偿制度的效率与公平性逐渐成为社会各界的共识（赵凯，2012；宋戈等，2014；周小平，2014，2016；杜继丰等，2015；曹瑞芬等，2015；余亮亮等，2015）。为了平衡经济发展与农地保护的关系，学者们还构建了一些土地非农化决策模型。由于19世纪美国城市所有的工作都集中在市中心或中心商务区，并被郊区住宅区所包围的现实限制，特别是受20世纪50年代美国典型城市芝加哥的单中心的影响，阿朗索

（W. alonso）等基于通达性和居住区位的选择，建立了竞租理论和空间均衡模型。他于 1964 年发表的 *Location and Land Use* 一书中建立的城市土地利用模型，仍然是今日城市经济学的关键理论。20 世纪 60 年代中期，这一理论被 Muth（1969）、Solow（1972）、Dixit（1973）、Yamada（1973）等人进一步发展和精炼。如 Muth 的农地城市流转模型、荒地开发的 Arrow - Fisher 模型、Henry 的农地城市流转模型、Ian Hodge 的农地城市流转影响模型、Capozza - Helsley 两阶段模型，等等。借鉴国外的经验及模型构建方法，国内学者（黄烈佳等，2008；乔荣锋等，2009；Cao et al，2011）对农地城市流转决策理论与模型进行了研究，探讨了多目标下地方政府决策理论及其模型。宋敏（2015）对外部性治理与农地城市流转决策，张安录（1999）对农地价值与农地城市流转决策进行了探讨，黄烈佳（2008）对农地城市流转区位决策进行了探讨。陈竹（2015）基于国外经典的决策模型并不适用于我国地方政府主导农地转用的现状，基于地方政府行为理论，构建了适用于国内背景的农地转用决策模型，以分析地方政府农地转用决策的特征。结果表明，建设用地对经济产出的边际贡献、土地出让金水平是地方政府农地转用决策的重要依据，地区经济质量和农地资源禀赋对地方政府决策弹性分别起到负向和正向的影响，由于地方政府在决策时可能存在的偏好和非理性因素，农地转用的最优规模无法仅仅依赖于外部性内化政策来实现。这些模型已成为土地利用管理与评价的重要的分析工具（Chen et al，2013），为农地非农化管理提供了重要的理论借鉴与现实依据，有利于农地非农化调控目标的实现。

四、农地城市流转参与主体行为分析

在土地市场发育充分的国家，农地流转主要是通过市场机制来运作。其市场行为人主要有 4 类人：前土地所有者、中间人、最终消费者和市场协调者。我国合法的农地流转途径属于政府行为。许德林（2004）认为国务院和省级政府在农地城市流转过程中处于支配性地位，特别是省级政府是农地城市流转的主要推动者，是建设用地的主要供给者。张安录

（2000）把农地城市流转决策者分为一级决策者和二级决策者。张宏斌（2001）认为其流转参与主体主要有中央政府、地方政府、村干部和农民；罗丹（2004）认为农地非农化涉及的利益主体主要包括政府、农民集体经济组织、农民和土地使用者；杨文杰（2005）认为农地非农化市场的行为主体至少包括政府、用地单位、农村集体及农民。

近年来，很多学者运用博弈理论研究房地产市场的土地出让问题。母小曼（2006）认为，中国土地市场发育尚不健全，由此导致了地方政府和开发商之间的寻租，土地市场的寻租给国家经济造成了严重损失。王俊（2005）运用博弈理论分析了土地市场的均衡状态，认为土地出让价格及基础设施的成本是地方政府与房地产商利益博弈的焦点，地方政府与房地产开发商之间的暗箱合作会损害消费者的利益。张飞与曲福田（2005）提出要规范土地市场秩序，必须规范地方政府的行为。张飞（2006）、胡慧（2011）、张丽凤与吕赞（2012）基于中央与地方政府间博弈分析了农地非农化中政府的行为。周涛等（2006）通过对土地出让和监督部门的多重战略分析，构建了相关模型，提出土地市场要加强监管。母小曼（2006）等人提出，规范地方政府的行为要进行制度创新。舒帮荣与徐梦洁（2007）引入博弈模型，建议改变中央政府及地方政府间利益分配格局模式。宋艳林（2007）认为，在土地市场的多种博弈混合战略中，唯一有利于其健康发展的战略是选择市场化手段出让国有土地使用权。刘雷（2008）也认为，招标出让国有土地使用权因为引入竞争机制，可较充分实现土地价值，维护国家经济利益。由此可见，大多数学者都认为解决土地市场的寻租问题关键是要引入竞争，然而他们却忽视由此导致的另外问题，那就是随着地方政府对"土地财政"的依赖越来越大，某些地方政府必然利用其对土地的垄断优势哄抬地价，其结果就是土地价格的不断上涨，最终土地价格的上涨在高房价的掩盖下便转嫁到消费者身上。另外，在看似公平的市场化出让土地使用权过程中，由于地方政府拥有信息和操作上的优势地位，会导致房地产开发商集体陷入"囚徒困境"，以追求利益最大化为目的的房地产开发商很容易在土地出让中形成"串谋"。基于此,刘开瑞与鲁璐(2013)应用博弈基本模型,集中分析了土地出让过程中房地产开发商的行为策略并对地方政府的短视行为给出合理建议。林兴林(2016)对中央政府、地方政府、农民三大决策主体的心理倾向和博弈行为进行分析,结果表明:现行的产权制度造成了农民在博弈活动中的弱势,中央政府在制度供给层面应加快创新,抑制地方政府过度非农化心理倾向并严格监督约束其征地行为,地方政府要加强自身治理能力,转变经济发展方式,探索改进土地使用制度,平衡好经济建设和耕地保护的矛盾。钱忠好与牟燕(2017)基于地方政府土地财政依赖视角,利用2003—2013年中国29个省份的面板数据进行计量检验,测定地方政府土地财政依赖度对农地非农化市场化水平的影响程度。研究表明,地方政府较高的土地财政依赖是中国农地非农化市场化改革进展缓慢的重要原因,地方政府土地财政依赖的形成又与现行的行政分权和财政集权体制有关。要加快中国农地非农化市场化改革的进程,需要地方政府尽快摆脱对土地财政的依赖,调整和深化财税体制改革,加大中央政府对地方政府的纵向转移支付力度,赋予地方政府尤其是基层政府更多的与事权相匹配的税权。

第二节　住宅郊区化理论及实证

住宅郊区化是城市化进程中的必然阶段,是城市发展到一定程度后的必然过程,是城市居住区位变化的重要方式(马庆国与黄瑞,2004)。它是指随着城市化的推进,大都市中心出现了交通拥堵、环境污染、人口过度密集等问题后,人口和企业为了追求开敞的空间,逐步向外迁移,形成了一种相对于城市中心集中化的离心分散现象(周一星,1999)。这种人口分散的现象不仅发生在城市的外围,而且在发展受控的内城区(Frank,2016)。住宅大规模地向城郊蔓延与扩散已经成为事实,是中国城市发展中最普遍的城市现象之一(Liu Y et al.,2015)。这除了规划、产业政策、土地与住房制度改革及交通等供给因素的推动外,居民作为郊区住宅的需求方,其居住的认知与选择对住宅郊区化的发展有着密不可分的关系。在住宅郊区化为居民提供优良的居住环境的同时,也给郊区的环境与文化带来了一些冲击。

一、国外住宅郊区化理论及其实证分析

纵观世界各国住宅郊区化发展的时间和进程,具有代表性的国家有美国、英国、日本等。因此,学术界以他们为例进行住宅郊区化研究的成果较为丰富,并形成了相应的学派,各个学派分别从自己的学科对住宅郊区化进行了深入地探讨,并形成相应的理论体系,为本研究提供了坚实的理论基础与方法。其中,行为学派(KirK,1963;Wolpert,1965;Brown and Moore,1970;Michelson,1977)主要探讨了居民住房选择的过程及其空间取向。其研究的不足之处在于其分析居民住房选择行为过程中,过分重视个体的行为,忽视团体对个体行为的影响。建筑与规划学派着重研究居住形态的变化,多从景观的角度和土地配置的角度进行研究。近来,许多学者(Anas,1978;Fujita,1982;Palen,1987;Osullivan,2002)对住宅郊区化的动力机制进行了相关研究。交通发展与新技术的运用尤其是汽车时代,美国大规模修建高速公路、"信息公路",欧洲与日本大力推动铁路、轻轨、城际及高速铁路,形成了发达的交通网也推进了住宅向郊区蔓延。城市中心的高度聚集造成的人口密度过高、环境污染、交通拥塞等驱动富裕阶层向城市边缘及近郊地区迁移,以上与经济结构、交通运输、环境因素、政策因素、通讯技术、文化取向等构成了西方国家居住郊区化的主要动力因素。除了对住宅郊区化的驱动因素及其机制的研究外(Stanback and Richard,1979;Fujita,1982;Mieszkowski and Mills,1993;Baum – Snow,2000;Reckien and Luedeke,2014),住宅郊区化存在的问题及后果(Benfield et al,1999;Ohnson,2001;Charles,2003;Rothwell and Massey,2009;Day,2009;Grigorescu et al,2012;Chatterjee,2015;Covington,2015)、住宅郊区化与远程办公等关系(David et al,2006;Mubarak,2004),以及如何对待住宅郊区化问题(Sýkora and Ourednek,2007;Pacione,2013)受到了广泛探讨,每个国家住宅郊区化的影响因素都是有区别的,如美国是居民本身的愿望主导型的郊区化,英国是政府直接推动型的住宅郊区化,日本是政府推动和交通条件改善综合型的住宅郊区化。

二、国内住宅郊区化理论及其实证分析

国内关于住宅郊区化问题的研究,主要是从人口郊区化研究开始的。周一星(1996)、周敏(1997)、高向东等(2002)利用多次人口普查资料及户籍人口统计资料,对我国一些特大城市的人口郊区化进行了分析。得出了北京、上海、沈阳、广州和大连等城市在1982—1990年期间已经不同程度地进入郊区化阶段。专门针对住宅郊区化的研究主要是2000年之后,刘旺等(2004)、罗高波(2004)、韩红丽等(2010)等对中西方住宅郊区化进行了对比研究,提出了西方住宅郊区化对我国的启示;柴彦威等(2000)、马清裕等(2006)、尹祖杏(2007)、褚思真(2009)、周昕等(2010)对我国住宅郊区化基本特征、动力机制与发展趋势进行了实证研究;蒋达强(2002)、王宏伟(2003)、高超等(2010)对住宅郊区化与房地产开发的关系进行了分析;刘长岐等(2003)探讨了城市人口迁居与住宅郊区化的相互关系。通过对一些城市住宅郊区化的研究,学者们得出每个城市住宅郊区化的影响因素不同,但一般而言,主要包括城市土地制度改革、住房制度与户籍制度的改革、经济、自然环境、产业布局与结构的调整、交通条件的改善以及居民消费观念的改变等因素。研究认为住宅郊区化是低收入家庭的被动迁移与高收入家庭的主动选择的结果(冯建等,2004;吴芳,2005)。关于住宅郊区化的具体影响因素,普遍认为住宅郊区化是多种因素综合作用的结果(柴彦威与周一星,2000;冯健等,2004;马清裕与张文尝,2006;黄烈佳与张萌,2015;庞瑞秋等,2013;龙茂乾等,2015)。

同时,在借鉴欧美发达国家经验的基础上,针对住宅郊区化存在的问题及其造成的不良后果,学者们提出了相应的解决对策。宋金平等(2007)针对北京市住宅郊区化出现居住与就业的空间分离,低收入阶层通勤成本增加,交通拥挤、社会隔离等社会问题等,提出了加强道路交通系统的建设、将郊区住宅建设置于严格的规划控制下,从整个大都市区的角度来制定规划,避免形成单功能的"卧城"。韩红丽与高琳(2010)在分析中国和美国住宅郊区化进程中宏观背景、微观动力、郊区住宅和中心城区命运等方面的不同特点。吸取美国的经验教训,提出转变政府职能,加强规划指导作用;优化住宅结构,防止过度居住分异;加强基础设施建设,构建产业支撑等相应的对策建议。修大鹏等(2013)认为北京房地产郊区化强于人口郊区化、经济郊区化,大城市郊区房地产发展模式有四类——环境资源带动型、大城市住宅郊区化推动型、企业园区拉动型和混合型,为城市和住房发展规划提出理论支撑和政策建议。

关于我国是否已经进入住宅郊区化阶段一直是学术界争论的焦点,而无论理论是否成立,近年来我国大中城市已经出现了中心集聚与向外扩散并存的事实,并且城市向郊区扩散的趋势越来越明显。由此而引起的职住分离、通勤时间延长、交通、生态环境、土地资源浪费、郊区住宅闲置等问题已经受到社会各界的广泛关注,也是政府在城乡规划、城市住房发展等方面面临的重要课题。而消费者、城市郊区住宅的购买者、居住者对于住宅郊区化的认知与认可也影响着城市郊区住宅发展。近年来,国内外学者对郊区居民日常活动的时空模式、住宅郊区化与生活质量之间的关系进行了实证分析(Leyk et al,2014;Yao and Wang,2014;Xue et al,2016;Biolek et al,2017)。

三、国内住宅郊区化研究述评

综上,国内外学者从社会学、地理学、人口学、管理学等多角度对住宅郊区化进行了比较系统的研究。研究内容从解释住宅郊区化现象到探究其驱动机制;关注点从住宅郊区化引起的资源问题到社会居住隔离、贫穷以及空间分异问题;研究视角从地理学的视角逐渐到人文社会的视角,即逐渐关注郊区居民生活质量等问题;研究方法从定性到定量逐渐向空间模拟发展,同时住宅郊区化引起的福利变化也成为近年来学者们关注的热点。

第三节　共生学说理论及应用

"共生(Symbiosis)"体现事物之间的相互关系,其始于19世纪中叶的生物领域。随着学科之间联系的加强,20世纪50年代之后,这一生物学的主导思想和研究范式逐渐渗透到人文学科,包括哲学、社会学、建筑学、城市规划、经济管理等学科领域。由此,共生不仅仅只是一种生物之间的普遍现象,更是一种普遍的社会现象,并对人文、社会学科研究产生影响。

一、共生学说及其理论探讨

最早提出"共生"这一概念的是德国生物学家德贝里,他将共生定义为不同种属生活在一起,并明确指出短期的联系不是共生关系。1884年,德贝里又进一步论述了共生、寄生、腐生的关系,提出了生物间的多样共存方式,并分析了共生和非共生、寄生与共生的区别,从而使人们对共生的理解更加清晰。之后生物学家布克纳提出了内共生的概念,定义为两种不同物种参与者间有规则的且不受干扰的合作生活;生物学家柯勒瑞(Caullery)和刘威斯(Leweil)在1952年界定了共生、互惠共生、同住现象、寄生等概念,为共生研究提供了基础。生物学家斯科特(Scott)对共生双方的物质联系做了系统研究,认为共生关系是生物体生命周期的永恒特征。由此可见,共生关系指的是生物自身内部,以及生物外部各生物之间相互作用,形成互利关系。1970年,美国生物学家马格里斯提出"细胞共生学","共生学说"由此盛极一时。后经范明特(Famintsim)、保罗·布克纳(Prototaxis)等人发展完善,用于研究生物之间按某种物质联系而相互依附生活在一起,而形成的一种共同生存、协同进化或相互抑制的关系(Ahmadjian,1986)。随着共生学说的研究与发展,国际生物学界对共生理论越来越重视,国际共生协会于 1997 年 4 月在美国马萨诸塞州成立,并在不同国家召开国际共生学术会议六次,促进了各国共生研究人员在各个共生子领域的交流。鉴于共生的广泛影响,克莱尔(Claire)等(2005)将共生列为生命界最重大的十项顶级创造之一(杨玲丽,2010)。日本建筑大师黑川纪章(2009)在《新共生思想》中明确指出,共生涉及人与自然的共生、地域性与全球性的共生、城市与乡村的共生、等不同层次内容的共生。

国内较早对共生进行系统研究的是袁纯清(1998)博士,他通过分析共生的本质后,认为共生由共生单元、共生模式和共生环境三要素组成的,系统地构建了共生理论的概念体系、逻辑框架和基本分析方法,从而将作为生物学的共生学说创新为社会科学的共生理论,给人们提供一种认识自然、社会现象的新境界、新思维和新方法。他认为共生不仅是一种生物现象,也是一种社会现象;共生不仅是一种自然状态,也是一种可塑状态;共生不仅是一种生物识别机制,也是一种社会科学方法。2000 年,复旦大学社会学系胡守钧教授首次在国内提出要以共生论来指导社会,走向呼唤和谐的社会共生论。2002 年,他出版了《走向共生》,推进了共生在社会科学的应用。2004 年"和谐社会"的提出,成为我国政治生活中的主旋律,使共生理念进一步被学术界及社会各界所重视。2006 年,胡守钧又出版了《社会共生论》,进一步完善了共生理论在社会学领域分析的框架,确定了"社会共生论"分析的三十六条定律,把社会共生论的研究又向前推进了一步,他认为社会共生是人的基本存在方式,人与人之间的关系存在互补性和利益冲突,而个体为了生存和发展,必须与他人合作,这导致了共生的可能;斗争—妥协是共生的方式,法律是共生的度,社会发展是共生关系的改善等。

二、共生理论应用研究

早期学者对共生的研究更多趋向于定性研究,集中在明确动植物之间的寄生、偏利共生、互利共生关系,以及这些关系的主体所受利害关系的影响程度等方面。诸如南美洲金合欢树和合欢蚁之间的互利共生关系（Janzen，1967），光合植物与非光合植物之间的共生关系（Smith，1969），则是对共生关系的一种定性研究。随着对共生理论研究的深入,生物学家对共生的概念达成共识:指不同种属按某种物质联系生活在一起。从哲学的角度看,世界是普遍联系的,用联系的观点来看问题,才能从真正意义上实现发展、全面地看待事物内部、事物之间的关系。生命的成长发展是一个过程,共生理论用动态的观念来看待事物之间的关系,体现事物发展的阶段。

20 世纪 50 年代以后,生物学家认为人类也是一种共生生物。至此,共生概念和理论方法逐步被人类学家、社会学家、经济学家、管理学家甚至政治学家进行应用。2000 年丹麦卡伦堡公司出版了《产业共生》一书,该书对企业产业共生进行的定义目前被学术界广泛接受,认为企业通过彼此间的合作共同提高企业的获利和生存能力为产业共生,这种共生中可以实现资源的节约和环境保护。企业建立相互利用的产业合作关系形成了产业生态系统,这就是产业共生的核心。Chertow（2000）深入剖析了工业共生系统的起源、定义、条件、可能性、动机及共生的优势与劣势等。20 世纪上半叶美国著名的芝加哥学派,运用城市社会生态学理论对城市社区的共生机制进行了研究。此外,日本城市规划建筑大师黑川纪章提出了"共生城市"的规划概念,其著作《新共生思想》探讨了发达国家与发展中国家、经济和文化、农业、工业和信息技术等的共生问题,以后工业时期生产和信息的共生为出发点,认为全球已进入了一个共生的时代。

我国学者袁纯清首先运用共生对我国小型经济问题进行了分析,构建了共生理论的概念体系、逻辑框架和基本分析方法,从而将作为生物学的共生学说创新为社会科学的共生理论。之后,国内学者将共生理论广泛地运用于社会学科各个领域的研究中来。刘荣增（2006）运用共生理论构建了和谐社会应该注意处理好五大共生关系,即人与自然共生、城乡共生、区域间共生、社会各阶层之间共生及经济与文化的共生。何自力与徐学军（2006）将共生划分为三个层面,即共生哲学层面、其他领域对生物共生方法的直接借用、社会科学共生理论的创新与发展。从概念的内涵看,前两个层面基本上只包括互利共生,因而在完整性上不如第三个层面;从应用的深度看,第一个层面仅限于概念层次,第二个层次深入到方法层面,第三个层面是对生物共生的创新和发展,意义更加重大。即在共生学说的理论基础上加以创新和发展,形成社会科学共生理论,具有更加突出的意义。同时学者们对生态旅游(宋瑞,2003;吴泓与顾朝林,2004;杨桂华,2005)、城市及城市群发展(张旭,2004;陈绍愿等,2005;李学鑫等,2006;马远军与张小林,2008;冷志明等,2008;张立荣等,2016)、区域经济(刘荣增,2006;李刚等,2008;吕爱华,2008;朱俊成,2010)、农村居民点积聚(张玉英等,2013;冯淑华,2013;王成等,2014)、城乡统筹发展(曲亮等,2004;刘荣增等,2009,2012;武小龙,2014)、产业集群(刘友金等,2012)、自然保护区(王昌海等,2011;黄璐,2014)等方面运用共生理论进行了探讨,取得了较好的成效。"共生理论"作为一种重要的分析范式和认识论,为中国社会转型及中国社会"二重性"等问题提供了一个新的观察视角。依据共生理论分析,"二元病态共生"是新中国成立以来城乡关系的具体表征,主要包括计划经济时期的"寄生共生"、改革开放时期的"偏利共生"、后税费时期的"非对称式互惠共生"三种关系形态,并且这种"二元病态共生"的表达形态实质反映为对社会正义的缺失、偏离和违背。根据共生理论预设,"对称互惠共生"是共生系统的演化方向,对此,从"政治共信、经济共享、生态共荣、社会共识、文化共存"五个维度对"对称式互惠共生"这一城乡"常态"关系进行理论建构,可在"双向、合作与多元"的后工业化进程中实现社会正义理念的重构(武小龙,2014)。在社会科学领域中,运用共生现象的"普遍性"和"互惠性"观点来看待人类社会中诸如政治、经济、文化等关系,可以更加深刻地理解和把握这些关系存在的客观性,按照共生原理不断推进社会协同进化、和谐发展(柯宇晨等,2014)。

第四节　文献述评

随着城市化的快速发展,前人对共生、住宅郊区化及农地城市流转都进行了深入研究,取得了大量的研究成果,为本研究提供了坚实的理论基础。但是,发达国家与地区的农地城市流转主要是通过市场机制实现,尽管也有为了公共利益对农地进行征收,但是必须按照市场价值足额补偿后才能进行流转。因此,国外的研究多偏向于微观因素的分析、农地价值的完善以及决策理论的探讨,对于农地城市流转决策机制主要是通过市场机制解决。而我国的土地国情决定了政府必须对其加以调控与管理,促进郊区住宅有序、适度发展。同时,国内的研究呈现了以下几个方面的趋势与转变:在研究内容与尺度上,从宏观不断地向微观、中观与宏观相结合的研究转变;研究方法上不断地从定性向定性与定量及空间分析转变;研究结果对完善农地城市流转决策更加具有指导性的同时,也提出应尽快建立适合中国国情的农地城市流转决策框架。以上为本研究提供了很好的理论基础,但在以下几个方面还有待进一步研究:

第一,已有的研究主要是从总体上笼统地研究城市化、工业化进程中农地转变为城市建设用地的机理与决策,而农地流转后的用途对城市的功能定位及城市职能升级的影响更大。因此,住宅作为农地城市流转后的用途对于城市化加速阶段具有更加重要的现实意义。

第二,对农地城市流转决策主体行为分析比较多,但多是对参与主体的经济行为进行探讨。农地城市流转除了其经济行为造成的经济目标外,还有环境与社会目标。而地方政府作为直接的决策者,在进行农地流转决策时候,较倾向于经济的发展,而往往忽略了社会与生态效益,因此,如果仅仅以现实的直接决策者地方政府作为决策主体,进行模型分析,还很难实现多个目标与多个主体的共生,这也是近年来流转冲突不断的原因。因此,构建一个社会理性决策者(现实中可为中央政府),来协调地方政府、村民、开发商及其住宅需求者各主体之间的关系,其理论更加有利于政策的制定,更加有利于流转目标的实现。

第三,郊区农地向(住宅)流转不仅具有多个目标,而且具有多个参与主体,而这些目标与主体之间还存在一些冲突。如何协调处理好这些利益冲突既是农地城市流转决策的关键,也是农地城市流转的目标,这需要新的理论基础作为依据。经过100多年的发展,共生作为自然界的一种普遍现象,已经由生物学说发展成为共生理论,并且广泛应用于社会学科中。在我国城乡社会关系、城市发展、农村聚居、产业发展及区域经济的发展等方面的应用发挥了重要的作用。也为城乡社会发展中的农地城市流转提供了坚实的理论基础,为农地城市流转的多目标与多主体的共生提供了良好的视角。

第四,农地城市流转在实现了土地经济价值增加的同时,也造成了农地生态效益的损失。如何在流转决策时协调好各方利益,必须建立一个可行的利益协调机制,既有利于各参与主体的利益实现,又有利于农地流转社会福利的最大化,实现多目标多主体的共生。

本研究正是针对以上不足进行探讨,将农地流转为住宅用地从农地城市流转中分离出来,从多目标多主体共生的视角对农地城市流转决策与利益协调机制进行系统探讨,这对于处在城市郊区住宅快速发展的中国,更加具有理论价值与现实意义。从理论上,本研究丰富了大城市郊区住宅快速发展时期土地利用变化的理论与研究内容,拓展了农地城市流转研究的新视角;实践上,可以为协调各个参与主体的利益提供直接的理论借鉴和现实指导。研究结果为郊区住宅的可持续发展,农地城市流转的调控以及土地制度的改革提供直接的理论借鉴与实践指导,最终促进城乡社会经济的可持续发展。

第三章

研究理论基础

多目标多主体共生视角下农地城市流转决策属于应用基础研究。在理论上,城市郊区土地利用变化属于地理学研究领域,但其土地流转决策又属于经济学、决策学等研究范畴,郊区住宅问题又属于公共管理与社会学研究范畴。可见本研究属于多学科研究的范畴。鉴于此,本研究除了借鉴以上学科的理论作为研究依据之外,将运用共生理论作为本项目的研究理论基础。

第一节 农地城市流转的基本原理

国外学者认为农地城市流转是农地与建设用地两种土地资源竞争配置的结果(张宏斌,2001)。基本理论如下:假设土地只有两种用途——城市用地(商服、住宅和工业用地)和农用地。在最简单的情况下,农用地的租金支付函数为水平线 La,因为农产品市场近似完全竞争市场。城市用地的租金函数为一条向下倾斜的线 Lu,La 和 Lu 相交于点 U(图 3 - 1)。在一个没有管制的自由市场中,从市中心到 A 范围内的土地都转化为城市用地,而 A 范围以外的土地将作为农业用途(Mori,1998)。

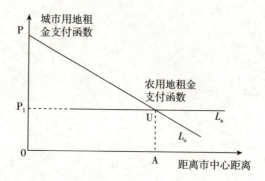

图 3-1 土地在市地和农地两用途之间的配置（一）

Fig. 3-1 Land Allocation between Urban and Rural Area without Externalities

因为城市用地产生外部性,例如污染、拥挤等,假设农用地没有外部性,除去外部性后,城市用地的租金支付函数由 L_u 变为 L'_u（图3-2）,L'_u 和 La 相交于 W 点,土地在两种用途之间配置点为 B。B 点的地价 P_2 高于农地的地价 P_1,两者的差异 $P_2 - P_1$ 是 B 点的边际社会成本,这种社会成本表现为交通拥挤、绿地和休闲场地减少等,有时 $P_2 - P_1$ 高出 P_1 数倍。如果社会成本可以度量的话,B 点可以通过管制达到。既可以对非农地课以 $P_2 - P_1$ 的税,也可以进行管制,例如英国的规划许可,美国和日本的区划,荷兰城市政府的规划开发等,从而达到优化配置点 B。如果管制过度,真实的配置点就为 C,不能达到优化配置点 B。

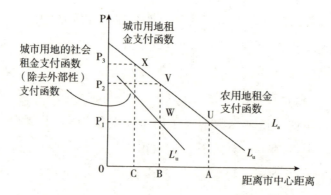

图 3-2 土地在市地和农地两用途之间的配置（二）

Fig. 3-2 Land Allocation both Urban and Rural Areas with Externalities

因此,地产商之所以购买农地不仅因为农地的价格相对较低,而且因为城市郊区农地的地块面积比较大,适合进行大规模开发。而这个过程的完成往往能够实现土地价值的增值,这是农地城市流转的强大动力。

第二节　区位理论

区位理论是经济地理学及区域经济学的核心基础理论之一,是解释人类经济活动的空间分布。而土地就是人类活动的主要空间,所以,一般认为区位理论就是土地开发利用理论。最早研究土地利用理论是1826年德国农业经济学家和农业地理学家杜能(J. H. Von Thuner),在其著作《孤立国和农业与国民经济的关系》(通常简称为《孤立国》)第一卷中,提出了农业区位理论。其中心内容是:农业土地利用类型和农业土地经营集约化程度,不仅取决于土地的天然特性,而且更重要的是依赖于当时的经济状况和生产力发展水平,尤其是农业生产用地到农产品消费地(市场)的距离。杜能集中阐述了农业土地利用最优区位布局的思想,特别是基于级差地租理论来确定经营集约化、布局专业化的方法,为土地资源的合理利用提供了一个重要的经济依据(毕宝德,2001)。继杜能之后,1909年,韦伯(A. Weber)《论工业的区位》的发表,标志着工业区位论的问世。其核心是,通过运输、劳动力及集聚因素相互关系的分析与计算,找出工业产品生产成本最低的点作为工业企业的理想区位(李纯英,2004)。20世纪30年代,德国地理学家克里斯塔勒(W. Christaller)在其发表的《德国南部的中心地》一书中提出了中心地理论,其基本内容是关于一定区域内城市和城市职能、大小及空间结构的学说,即城市“等级—规模”学说。被克里斯塔勒形象地概括为区域内城市等级与规模关系的六边形模型(赵建军,2001)。其后,德国经济学家廖什(A. Losch)继承和发展了这种理论,他把生产区位和市场结合起来,从工业配置要寻求最大市场的角度,得出了与克里斯塔勒的城市区位论模型相似的六边形区位模型。

上述四大古典区位理论对现代土地利用空间分异的启迪包括：寻找最低成本区位；注意集聚效益、规模效益和外部效益；城市土地利用结构合理化；社会分工的发展所引发的空间结构变化和运输效果等问题。但随着社会的进步，特别是通信技术、交通及电子商务的发展淡化传统距离约束的同时，又更加重视区位的作用（金相郁，2004）。最近区位理论的研究重点在两个方面，一是区位因素分析，在既定的条件下如何选择最佳区位；另二是区位创造分析，就是如何创造区位条件。区位理论的新发展，为农地城市流转决策提供了理论基础。

第三节　博弈论

博弈论，又称对策论。其最早是从游戏开始的，参加游戏的人要赢过对方，不仅要考虑自己如何行动，还要考虑对方如何行动。后来这种思想被逐渐地运用到经济领域、企业管理领域以及社会领域之中，博弈论也逐渐发展成一个朝气蓬勃的学科分支。但是对于博弈论的定义，至今没有一个统一的结论（汪贤裕与肖玉明，2016）。海萨尼（Harsanyi）对博弈论的论述为关于策略相互作用的理论。奥曼（Aumann）将博弈论称为相互有影响的决策论。国外著名教材《博弈论基础》（罗伯特·吉本斯著）称博弈论是研究多人决策问题的理论。尽管博弈论的研究内容是多范畴的，也难以给出一个包罗一切的定义，但是根据上面的各种表述，可以将其理解为竞争环境下的多人决策理论。而决策论本是单人决策，可以说博弈论是决策论的拓展。相对于决策论，具有以下特点：第一，博弈论是一种多人决策；第二，博弈论中，参加博弈的多个决策人的行动都是内生的，任一决策人对其他决策人行动的不确定性来自内生的信念，从而在不确定性环境下决定自己策略；第三，决策的任何一方的收益不仅要受到自身行为的影响，还要受到对方行为的影响，其决策的环境是"竞争冲突"

的;第四,多个决策人都在选择自己的策略以使自己的目标最大化,这看似一个多目标决策,其实是一个多人决策,决策主体是多人。在具有里程碑意义的标志性著作《博弈论与经济行为》中,冯·诺依曼和奥斯卡·摩根斯坦提出了博弈论的两个经典框架:非合作博弈和合作博弈。在非合作博弈中,博弈的参与人根据他们可觉察的环境和自身利益进行决策。参与人效用不仅取决于自己的行为选择,而且受到其他参与人行为的影响。在非合作博弈中,强调的重点主要在个人行为:理性参与人在竞争环境中可选择的行动是什么? 理性参与人会做出什么样的决策?

在合作博弈中,假定参与人有一个可实施的共同行动的协议,即合作是外生的。这时强调的重点在于:这些参与人会组成什么样的联盟? 联盟是否稳定? 在联盟中,如何确定参与人之间的权势的大小? 如何合理地去分配联盟所得的合作收益(或分摊成本)? 在非合作博弈中,由各参与人之间的均衡而产生的结果是竞争的产物,一般来说,并不令人满意,因此,他们可能表现出一种“合作的意向”,这种合作意向是内生的但没有严格的执行协议。而在合作博弈中,参与人之间有一个外生的合作协议,这构成了两类博弈的根本区别,以及两类博弈各自研究的重点。在合作博弈研究中,继冯·诺依曼提出稳定集的概念后,1959 年,吉里斯提出了核心的概念。1953 年,沙普利提出了公理化体系的分配方案,即著名的 Shapley 值;1956 年内,达维斯和马斯克莱提出了内核的概念;1969 年,施麦德勒提出了核仁的概念;1965 年,班契夫提出了班契夫势指标的概念,这些概念一直沿用至今。合作博弈其后的研究更多地体现在基于数学理论的分析,其有效的应用不多,这使得合作博弈的内容至今仍是一个非常有潜力的研究领域。

在非合作博弈的研究中,则表现出更为丰富和突出的成就。1944 年纳什(Nash)提出了后来成为纳什均衡的概念,奠定了非合作博弈研究的基石。1965 年,泽尔腾(Selten)证明了博弈中不是所有纳什均衡都同样合理,进一步将非合作博弈从静态博弈发展到动态博弈及子博弈完美均衡的概念。1967 年,海萨尼针对非合作博弈中不完全信息提出了海萨尼转换,从而奠定了完全信息博弈和不完全信息博弈研究的基础。一般而言,博弈研究有三种基本表示法:规范式(其具备局中人集 N、局中人 i 的策略及集 S_i 以及局中人 i 的支付函数 P_i,这三个基本要素并能明确地给定,这时称博弈为规范式或策略式)、扩展式与联盟式。前面两种针对非合作博弈研究而设计的,规范式多用于静态博弈,扩展式更多地用于动态博弈,但是两种表示在一定条件下是可以相互转换的;联盟式是针对合作博弈研究而设计的。

我国合法的农地城市流转途径属于政府行为。具体通过土地征收与出让,将农业用地转变为城市国有建设用地。而农地不但承载生产资料的功能,还承载着社会保障的功能;既是生产要素又是政策工具,承担着维护国家粮食安全的功能;土地问题不仅仅是经济问题,还是一个社会问题。在当代中国,还没有哪个问题像土地问题这么敏感和复杂,当前的很多问题,尽管不是直接的土地问题,但最终都会以土地问题的形式显现出来。随着土地资本化、证券化进程的加快,金融安全和土地政策息息相关。农地城市流转的过程更是复杂,它不仅具有多个目标,而且涉及多个参与主体的利益,地方政府作为农地城市流转供给的直接决策者,其决策不仅受到中央政府政策的约束,而且还受到农地需求者、农地所有者、农地经营者等其他参与主体的影响。地方政府、村集体与农民三者之间并不存在一个"具有约束力的协定",因此,它是一个非合作博弈。村集体与农民的农地城市流转决策博弈行为要在地方政府做出决定之后才能开展,决定农地是否按时流转,因此,它是一个动态博弈。目前,国家的相关政策还不能深入而透彻地传达给农民,而农民的土地利用状况也不能及时地得以反馈,因此,三方中的任一方对于其他两方的行为意图尚不能完全清楚,所以是一个不完全信息的博弈过程。但是缘于各种问题,现实中土地开发商与村集体相互合作进行小产权房的开发等情况,这又属于合作博弈。因此,博弈论的发展为农地城市流转决策提供了坚实的理论基础。

第四节　共生理论

共生作为生物学的研究已有百余年,甚至有社会学家提出当今人类社会已进入一个多元共生的时代,从一个新的思维层面上鼓舞人类向更为美好的前景迈进。"共生"原本是一个生物学概念,由德国真菌学家德贝里在1879年首先提出,意指不同种属的生物按某种物质联系共同生活。后经范明特、布克纳等人发展完善,用于研究生物之间按某种物质联系而相互依附生活在一起,而形成的一种共同生存、协同进化或相互抑制的关系(Ahmadjian and Paracer,1986)。近年来,这一生态学的主导思想和研究范式逐渐渗透医学、地质学、心理学及人文学科等学科领域(Sachs et al,2004;Jakovich et al,2006;Pakarinen et al,2010;Sokka et al,2011)。1998年,我国学者袁纯清首先运用共生对我国小型经济问题进行了分析,构建了共生理论的概念体系、逻辑框架和基本分析方法,从而将作为生物学的共生学说创新为社会科学的共生理论,给人们提供一种认识自然、社会现象的新境界、新思维和新方法。他认为共生不仅是一种生物现象,也是一种社会现象;共生不仅是一种自然状态,也是一种可塑状态;共生不仅是一种生物识别机制,也是一种社会科学方法。具体而言,"共生"是指共生单元在一定的共生环境中按某种共生模式形成的关系,由共生单元、共生模式和共生环境三要素构成。其中,共生单元是指构成共生体或共生关系的基本能量生产和交换单位,它是形成共生体的基本物质条件。在不同的共生体中共生单元的性质和特征也是不同的,在不同层次的共生分析中共生单元的性质和特征也是不同的。在家庭共生中,每一个家庭成员都是共生单元,而在一个社区共生体中,家庭就成为共生单元。由此可见,共生单元是相对的,是相对于特定的分析对象而言的。共生模式,也称共生关系,是指共生单元相互作用的方式或相互结合的形式,它既反映共生单元之间作用的方式,也反映作用的强度。它作为一般意义上分析共生单元(组织或者个人)之间关系性质及其演化规律的理论对社会经济现象是适用的。农地城市流转不仅涉及多个目标,而且事关多个主体的利益,因此,运用共生理论对这一现象进行分析不失为一种有益的探讨。从本质上讲,农地城市流转的过程实际上就是通过构建、调整、优化共生单元的共生条件、共生界面、组织模式和行为模式来建立一个和谐、互惠、稳定的、一体化的共生系统的过程。因此,针对农地城市流转的多目标性、多主体性,运用共生理论探讨多目标多主体的共生,构建农地城市流转共生系统,探讨引起农地城市流转共生系统变化的影响因素,构建农地城市流转决策利益协调机制,对于促进共生系统持续稳定和谐发展具有重要的理论与现实意义。

第五节　可持续发展理论

可持续发展的概念起源于生态学,应用于林业和渔业,指的是对资源的一种管理战略(张坤民,1997)。即仅将全部资源中合理的一部分加以收获,使得资源不受破坏,而新成长的资源数量足以弥补所收获的数量。其后,人们分别从生态、经济、社会等不同侧面探讨了可持续发展的内涵,其中为世人所共识的是《我们共同的未来》中所提出的可持续发展的定义:"既满足当代人的需要,又不对后代人满足其需要的能力构成危害。"其内涵包括三个方面:第一,需要,即发展的目标要满足人类的需要,尤其是世界上贫困人口的基本需要;第二,限制,强调人类的行为要受到自然界的制约;第三,公平,强调代际之间、当代人之间、人类与其他生物种群之间、不同国家和不同地区之间的公平。从其终极目标来看,可持续发展的基本内涵有以下几条:第一,可持续发展不否定经济增长,但需要重新审视如何实现经济增长;第二,可持续发展以自然资源为基础,同环境承载能力相协调;第三,可持续发展以提高生活质量为目标,同社会进步相适应;第四,可持续发展承认并要求体现出环境资源的价值;第五,可持续发展的实施以适宜的政策和法律体系为条件,强调"综合决策"和"公众参与";第六,可持续发展认为发展与环境是一个有机整体(但承龙,2005)。

2015年9月,联合国可持续发展峰会通过了《改变我们的世界——2030年可持续发展议程》,该议程再次强调了经济、社会、环境三位一体的可持续发展观。综观人类历史,城市化是人类谋求生存与发展的必经阶段,但"高污染、高消耗、高浪费、低效益"的传统城市发展模式滋生了诸如交通堵塞、环境污染、资源短缺、农地大量流失等一系列问题,危及我国的粮食安全、经济社会的可持续发展。自我国经济融入国际竞争以来,中央政府对农地城市流转决策,不仅受到国内农地稀缺的约束,而且受到国际社会规则的约束;不仅要考虑经济发展,还要考虑粮食安全,权衡各参与主体的利益。在农地资源越来越稀缺的情况下,作为农地流转的直接决策者——地方政府不仅要考虑农地的经济价值,还要考虑社会价值与生态价值。土地利用的目标不再把国内生产总值作为发展的唯一尺度,而是以经济、社会和生态环境的多目标协调发展为指导原则,追求全方位的综合发展,寻求土地的可持续利用。

第四章

农地城市流转制度沿革及其流转决策问题

俗语曰:没有规矩,不成方圆。其意就是没有规则(即制度)的约束,人类的行为就会陷入混乱。农地城市流转的行为也是一样,如果没有完善的制度约束,农地城市流转就会陷入无序、过量流转的状态。另外,经济学的一条重要原理告诉我们:人们会对激励做出反应。不同的制度安排会对一个人产生不同的激励,从而导致他产生不同的行为反应。对于公共政策设计人员来说,一项政策成功与否在于它提供的激励是否跟预期的效果一样。政策是正式的制度安排,政策的设计实际上就是进行游戏规则的设计,是以制度来激励(或约束)人们的行为。制度的改变就是行为规则的改变,从而改变人们的行为。因此,分析农地城市流转制度及其环境变化,有利于理解农地城市流转决策主体的行为,反过来,促进制度的进一步完善与创新。

第一节 中国农地城市流转制度沿革

2015 年 1 月 5 日,国土资源部、农业部召开永久基本农田划定和设施农用地管理视频会议,国务院总理李克强做出重要批示:我国人多地少,任何时候都要守住耕地红线,守住基本农田红线。要坚持数量与质量并重,严格划定永久基本农田,严格实行特殊保护,扎紧耕地保护的"篱笆",筑牢国家粮食安全的基石。基于 18 亿亩耕地的保护目标,中国政府制订了一系列的政策措施,以维护农民权益为出发点,以用途管制为核心,以农用地转用和土地征收为主要内容的耕地保护制度体系已初步形成。农地城市流转制度主要基于土地征收、土地储备、土地出让三个环节,实现农村土地的产权与用途属性发生转变。

一、农地城市流转之土地征收制度

解放初期,土地主要实行私有。1954 年颁布的新中国第一部宪法意在强调"国家依法保护农民土地所有权和其他生产资料所有权"的同时,规定"出于公共利益的需要,国家可以对城乡土地实施征用、征购、收回国有"。

第一个五年计划时期,出于大规模项目建设的需要,1953 年出台了《国家建设征用土地办法》,并于 1958 年 1 月进行了修正。《办法》没有出现"54 宪法"关于"公共利益"的表述,而是改为"适应国家建设的需要",对征地的范围和用途(包括兴建厂矿、铁路、交通、水利、国防等工程,进行文化教育卫生建设、市政建设和其他建设)进行了列举。对补偿安置进行了如下规定:第一,明确了土地调换为征地的首要原则。只有在无法给予被征地农民调换新土地的情况下,才予以货币补偿。第二,将安置前置。必须妥善安置被征用土地者的生产和生活,如无法安置,应该等待安置妥善后再进行征用。第三,确定补偿标准。对房屋给予实物补偿,即回迁安置房屋。在对土地进行货币补偿的情况下,补偿标准为土地二到四年的总产值(梁志元,2017)。

改革开放以后,国家治理逐渐步入法制轨道。1982 年《宪法》恢复了1954 年《宪法》将"公共利益"作为征地的必要条件。第一次提出了所有权的分配形式:城市土地属于国家所有,农村和城市郊区的土地,宅基地和自留地、自留山,除由法律规定属于国家所有的外,属于集体所有。自此中国形成了农村土地集体所有和城市土地国家所有并存的两种所有权结构,成为中国独特征地制度的重要制度安排之一。在 1982 年《宪法》的原则下,1986 年 6 月 25 日出台了新中国第一部《土地管理法》,其特点如下:第一,坚持土地征用的公共利益原则,但是并未对公共利益进行明确界定,甚至采用了比 1953 年《国家征用土地办法》更加宽泛的表述,即"国家进行经济、文化、国防建设及兴办社会公共事业"都可以征地。此外,它将 1982 年《宪法》中的"土地实行征用"改为"对集体土地实行征用",第一次明确征地就是针对农村集体土地。第二,城乡分治原则。依照 1982 年《宪法》"城市土地国有、农村和城市郊区土地集体所有"的城乡分治原则制定了《土地管理法》,但是对于国有土地的边界问题,1982 年《宪法》表述为"城市市区土地实行国有",而《土地管理法》表述为"城市土地实行国家所有",造成国有土地范围的扩大。第三,以政府权力界定征地审批权限,沿袭计划经济时期的审批管理制度。为保护耕地,1986 年《土地管理法》对各级政府审批土地征用的权限进行了规定。第四,进一步明确了以耕地年产值为基础的补偿安置办法。对补偿标准做了说明的同时,提高了补偿标准。第五,对失地农民实行就业安置。1986 年《土地管理法》对失地农民的保障问题进行了说明,即被征地农民采取了就业和转换身份的安置。准许失地农民的农业户口转为非农业户口;安排被征地农民在用地单位或者其他集体所有制单位、全民所有制单位就业。

随着城市化与工业化的快速发展,农地非农化的速度加快,耕地保护和国家粮食安全受到了极大的挑战。为此,1998 年国家对《土地管理法》进行了修改,土地征收办法改革就是其中的重要内容之一。在一些原则问题上,1998 年《土地管理法》予以保留和完善,但提高了补偿标准。具体而言,将安置补偿费提高到土地被征用之前 3 年平均年产值的 30 倍,将安置补助费提高到土地被征收之前三年平均年产值的 4—6 倍,将土地补偿费提高到土地被征收之前三年平均年产值的 6—10 倍。同时,上收征地审批权限。另外 1998 年《土地管理法》在以下两个方面做出了重大改变。一是确立了土地用途管制制度。二是规定了建设用地的使用对象和取得方式。第一,需要土地进行非农建设的单位或个人,必须依法申请国有土地;第二,建设用地涉及农用地的,需办理农用地转用审批手续。

二、农地城市流转之土地出让制度

在土地出让阶段,政府是土地一级市场唯一的合法的土地提供者。土地供给垄断导致土地出让有两种现象:一是抬高土地出让价格,从而获得垄断利润;二是压低出让价格,从而获取招商引资目标的实现。我国30多年的经济高速发展与这一独特的土地制度密不可分,城乡不平等的二元土地制度、强制低价征地制度和土地供应的非市场制度,避开了土地稀缺导致土地高价从而影响经济增长的局面,反而依靠土地的供应保障支撑了经济的增长。新中国成立以来,我国城市土地管理经历了三个阶段(徐金礼,2006)。

一是计划经济时期的无偿划拨阶段(1949—1986年)。1954年《宪法》的颁布和实施,以立宪的方式宣布全部城市土地归国家所有并规定任何组织或者个人不得侵占、买卖、出租或者以其他形式非法转让土地。即这一时期土地政策的特点是城市土地一律收归国家,土地使用由政府统一行政划拨,土地无偿使用和无限期使用,土地使用者不能进行土地转让。

二是市场经济体制改革时期的双轨制与有偿使用改革阶段(1987—2000年)。1987年,深圳市第一次协议出让和第一次拍卖出让国有土地使用权,突破了国有土地使用权不允许转让的法律规定。同年4月,国家提出了在土地所有权不变的情况下可以有偿转让土地使用权,并于11月在深圳、上海、天津等地进行土地使用制度改革试点。1988年宪法修正案规定,土地的使用权可以依照法律规定进行转让,标志着我国土地使用制度的根本性变革。1990年国务院出台了《城镇土地使用权出让和转让暂行条例》,以行政法规的形式,确立了国家实行城镇国有土地使用权出让、转让制度。自此,国家依法实行国有土地有偿使用制度,土地使用权可以依法转让。1998年修订的《土地管理法》进一步明确规定:国家依法实行国有土地有偿使用制度,建设单位使用国有土地应当以出让等有偿方式取得。这一阶段国有土地使用制度改革的内容主要是改变无偿、无限期、无流动的土地出让制度,在制度格局上,是土地划拨制度与有偿使用制度并存,划拨制度的覆盖面大于出让制度。在土地使用权出让中,协议出让占据主导地位。

三是市场化配置改革与土地参与宏观调控阶段(2001年至今)。2001年国务院下发的《关于加强国有土地资产管理的通知》明确提出:商业性房地产开发用地和其他土地供应计划公布后,同一块土地有两个以上意向用地者的,都必须由市、县人民政府土地行政主管部门以招标、拍卖方式提供。第一次具体地提出了国有土地招标拍卖的范围和界限:经营性国有土地必须实行市场配置。自此,招标拍卖作为经营性用地的市场配置方式,登上了国有土地资源配置的历史舞台。2002年国土资源部11号令《招标拍卖挂牌出让国有土地使用权规定》,明确四类(商业、旅游、娱乐和商品住宅等)经营性用地使用权出让必须采用招拍挂方式。2004年,国务院下发《关于深化改革严格土地管理的决定》要求:严格控制划拨用地范围,经营性基础设施用地要逐步实行有偿使用运用价格机制抑制多占、滥占和浪费土地。除按现行规定必须实行招拍挂出让的用地外,工业用地也要创造条件逐步实行招拍挂出让。经依法批准利用原有划拨土地进行经营性开发建设的,应当按照市场价格补缴土地出让金。2006年国务院下发了《关于加强土地调控有关问题的通知》规定,在耕地保护、保障被征地农民利益、规范土地出让收支管理、调整建设用地税费、工业用地出让最低价标准及必须实行招拍挂出让、农用地转用等方面做出了严格规定。同时进一步规范土地出让收支管理,要求国有土地使用权出让总价款全额纳入地方预算,缴入地方国库,实行"收支两条线"管理。这期间,国土资源部通过出台各种出让部令,完成了对城市国有土地总供给及出让方式的规范。

三、农地城市流转之土地储备制度

土地储备制度是我国城市土地管理制度改革的重要创新成果,是政府对土地市场失灵采取的积极干预手段,其实质是对政府垄断城市土地一级供地市场地位的确认与强化(赵成胜等,2011)。自 1996 年上海市率先推行土地储备制度以来,我国城市土地储备改革逐步深入,这对于提高土地市场调控能力、促进土地节约集约利用、推进城市发展和房地产市场平稳运行等方面都产生了深刻影响(王宏新等,2011)。但由于储备融资机制不健全、储备与出让衔接时机不准、土地收益分配矛盾等问题,城市土地储备制度改革引起了社会各界的广泛讨论,相关讨论主要集中在城市土地储备的主体、融资和管理三个方面。

(一)土地储备主体

我国城市土地储备运作模式主要包括市场主导型的上海模式、政府主导型的杭州模式、市场政府混合型的武汉模式(黄凌翔等,2009)。在国家还没有制定全国通用的土地收购储备法律法规的背景下,各地土地收购储备运行管理缺乏统一性(濮励杰等,2010)。城市土地储备主体存在明显的地区差异性,如从领导体制与决策上可分为四类:土地储备机构属于国土部门直属单位、由国土部门与专门委员会双重管理、由政府或领导小组直接主管及由土地储备职能的城市建设投资公司或其他政府投融资平台机构等(高启龙,2009)。土地储备机构扮演着执行政府决策和从事经营活动的双重角色,很难在二者之间实现平衡。所以,在某些城市出现了不顾用地结构、生态效益和可持续发展,大量囤地的情况,导致了国家土地资源的严重浪费(吕炳毅,2014)。而土地收储部门也积累了债务和库存两个主要问题,各级土地收储机构除了要负担土地征用拆迁费用外,还要负担保障性住房建设费用、待回迁户的住房过渡费、道路建设费、园林绿化等支出,导致全国土地储备机构债务占全国政府总债务的比重的 50% 左右。2007—2013 年,全国共出让土地 195.66 万公顷,库存土地为 887.64 万公顷,库存土地的出让率仅为 18%①。而库存土地来自对农地的征收,如此多的库存土地威胁了国家的耕地 18 亿亩红线,影响国家

---

① 数据来源:梁志元.中国农村土地城市流转制度创新研究——基于土地收储的视角[M].北京:中国农业出版社,2017:76.

粮食安全。同一时期,全国农用地总量由 65702.14 万公顷变为 64616.84 万公顷,减少 1085.3 万公顷,由于中国实行土地一级市场政府垄断,农地想要转变为国有建设用地就是被各级政府收储机构征收从而进入库存的量。土地市场繁荣时,这些债务的风险容易被忽视。在土地市场低迷时期,存在偿还融资平台债务的隐患与制度风险。一旦地方政府的资金链出现问题,就会发生抵押土地无法变现而引起金融系统的风险(贾康与孙洁,2014)。城市土地储备机构无论以何种形式出现,实际上都是政府经营城市土地的代理,只有将土地收购储备机构转化为经济实体,才能实现规范有效的治理(陈晓军,2010)。为提高城市土地资源配置效率和城市土地的公平交易,土地储备交易行为必须借助市场的机制来运作,设置的土地储备机构也应该满足这种要求(李宏志,2011)。在现有的制度背景下,土地储备主体必须是政府主导,但是如何在确保公共利益最大化的基础上尽可能减少政府干预,还需要进一步深入研究。

（二）土地储备融资

我国土地储备尚未形成稳定、可持续的资金来源渠道和成熟的商业化运作机制,资金短缺已成为土地储备的突出问题(陈友香等,2013)。要解决土地储备面临的资金短缺问题,既要"开源"也要"节流",在拓宽融资渠道的同时优化土地储备管理职能(于芳等,2011)。应当对经营性与公益性的土地储备实行分类管理,引入社会权益资本,如采用土地预出让、合作开发和土地证券化等方式,从相对单一的融资渠道向多元化复合型融资平台拓展,降低资产负债率以实现资本结构最优化。与信托机构合作创新土地融资模式,依托信托媒介的渠道和资源,为项目开发募集充足的资金,以投资回报来偿还本金(鲍海君等,2013)。土地基金也是解决城市土地储备融资问题的重要手段,市场化运作的土地基金一方面可为城市土地储备、整理和开发提供资金保障,另一方面可在成熟的土地市场支撑下实现基金的保值增值,推动城市土地储备融资的可持续性。当然,拓展土地储备融资渠道仍存在许多问题,如土地储备机构的性质和地位模糊不清,以土地收益权质抵押融资也无法在《物权法》中找到其相应

的位置,由此引发了业界对以储备土地为担保物的土地储备融资担保制
度的质疑(刘璐,2012)。目前,城市土地储备融资的新模式尚未形成完
善体系,土地信托、土地基金等融资渠道的科学合理性有待进一步论证。
此外,针对土地储备制度的公益性有所弱化的问题,应在城市规划和土地
利用规划等多规融合的基础上加强土地储备与城市规划之间的衔接。

(三)土地储备管理

城市土地储备制度的正当性在于公共利益所需,但受土地储备监督
管理缺位、地方自利性较强、土地储备范围界定不清等因素的影响,城市
土地储备制度的公益性目标发生了偏离。因此,有必要让土地储备回归
其本质职能——为公共利益所需而储备、为弥补市场失灵而运行(沈福
俊,2010)。但是我国城市土地储备长期处于"边运作、边探索"的发展阶
段,土地供应机制尚不完善,缺乏足够的理论来指导土地储备部门决策,
因而暴露出了许多储备管理问题(王媛等,2012)。有学者提出将土地供
应权视为基于房产的实物期权,认为依据实物期权模型做出的土地储备
供应决策更能有效地把握市场形势,应采用政府主导型的多目标土地储
备决策模型预测城市主城区合理的土地储备规模(范宇等,2010)。土地
储备与规划关系也是研究的重点方向,城市规划为土地资产变现奠定基
础,土地储备为土地资产变现提供平台和提升价值,两者之间存在一定的
互动基础,应当以土地储备规划为纽带构建土地储备与城市规划良性互
动的机制(范宇等,2009)。目前城市土地储备管理理论体系还不够成
熟,城市土地储备规划的编制缺乏相对统一的规范方法,且与规划、发改
委、环保等相关部门的衔接不足,因此,基于多规融合的城市土地储备管
理研究有待加强。迫切需要制定相对统一的土地储备规划编制规程,以
指导各地的规划编制工作;要加强对土地储备机构主体性质的研究,并探
索地方政府在统一的土地储备规范下如何根据地域特色构建因地制宜的
土地储备管理体制。

第二节 农地城市流转决策特征及其问题

一、农地城市流转决策特征

（一）农地城市流转决策具有非结构化特征

美国著名管理学家西蒙（Simon）对决策科学化问题进行了开创性的探讨，提出了描述性决策理论。他把决策问题分为结构化决策和非结构化决策。结构化决策问题从信息加工、确定决策影响因素和条件、形成决策等方面看是可以准确识别且处理方式相对单一的管理规划的决策问题。非结构化决策，所涉及的信息知识具有很大程度的模糊性和不确定性；其决策过程复杂，制定决策前难以准确描述决策过程的各个方面，无固定决策规划和模型可依；决策者的主观行为对决策活动的效果具有相当的影响，很难用数学方法和自动化方式进行。介于结构化决策和非结构化决策之间的决策问题，称之为半结构化决策。是指该问题中的一部分是结构化的，而另一部分是非结构化的（但承龙，2005）。所谓半结构化决策，表现为对决策问题有所分析但不确切，对决策规则有所了解但不完整，对决策的后果有所估计但不肯定。这类决策问题通常位于组织中的高级管理层。一般表现出如下情况：决策的目标只具有方向性，尚不明确；评价决策目标的定量标准尚待确定；影响决策目标的因素范围边界不清楚，所需的信息也不完全；已有的信息所反映的影响因素对决策目标的影响关系不确切，不能完全定量分析，无法准确地描述出影响因素与决策目标间的数学表达式。半结构化问题兼有结构化问题和非结构化问题的特点，一方面它可以通过编制程序进行定量分析和计算，或者运用相对明确的决策原则和方法来解决；另一方面它要依靠人的知识、经验和直觉来判断和选择。在求解半结构化问题时，人机交互是非常重要的，往往要经过多次对话才能完成问题的求解（高洪深，2000）。就农地城市流转系统而言，往往更多地具有半结构化和非结构化决策特征。

（二）农地城市流转决策具有不可逆性

不可逆过程,在热力学上是指系统从一种状态返回到原始状态时,系统内部和外界环境必定发生性质变化的过程。换句话说,当系统从一种状态返回到原始状态,系统内部和外界环境不发生任何变化是不可能的(吴次芳和鲍海君,2004)。包括农地城市流转在内的土地形成和演化过程、土地开发和利用过程、土地市场发育过程等全部土地过程,在热力学上都是不可逆的。农地城市流转的不可逆过程,表现在以下两个方面:第一,农地一旦转化为建设用地,逆转为农地需要花费巨大成本,在经济上具有不可行性;第二,我国法律规定,国家为了公共利益需要,可以依法对集体所有的土地实行征用,农地城市流转在法律上是单向的,具有不可逆性。并且农地一旦流转,附属于其上的许多功能即将消失。因此,农地城市流转决策离不开发展与保护方案的成本效益分析。就发展方案的效益评估来说,我们必须把不可逆性考虑进去,否则会高估发展价值。就保护方案来说,农地保护的市场价值一般为市地价值的几分之一或者百分之一,但我们必须注意到农地不仅有市场价值,而且有巨大的非市场价值。如果遗漏了这些非使用价值,将会低估农地保护的价值,导致决策失误。亨利(1974)也认为,如果一项决策大大地降低了未来相当时期内可能的选择,那么这项决策就是不可逆的。

（三）农地城市流转决策具有多目标特征

农地特别是城乡生态经济交错区的农地,其承担着粮食生产与生态保护的双重功能。农地流转方案的选择,往往涉及广泛的环境、经济、社会甚至政治等多种因素,其决策追求的是公平与效益方面的平衡,其决策目标具有多元性。按照福利经济学的观点,社会福利的改善程度是衡量资源配置是否有效的主要标准。城市边缘区农地城市流转不仅涉及使用者、需求者与所有者等权利主体的利益,还涉及经济价值、社会价值与生态价值,关系着大量城市居民的生态安全和生活质量的提高。因此,农地城市流转决策需要根据流转前后土地产权、土地利用方式变化,以及给个人、集体、国家带来的效益与福利的比较来进行,必须遵循多目标决策的原理与方法进行决策。

（四）农地城市流转决策具有不确定性特征

正如前面所说,农地城市流转决策一般是通过对比非农地预期收益的贴现值超过农地预期收益的贴现值来判断是否决定流转。但是由于信息资料的缺乏或者未来的不确定性,我们无法准确预知未来土地的需求量、粮食需求量及经济增长率,其决策面临风险,具有不确定性特征。

（五）农地城市流转决策具有综合决策特征

农地城市流转决策的综合特征主要表现在以下方面:首先是决策主体的多元化;虽然我国农地城市流转决策属于政府行为,但是土地开发商等对农地城市流转具有较大的影响力,往往是在他们与政府博弈中决定农地开发的时间、区位以及规模。其次,政府的决策面临国内与国际两种形势的压力。三是,政府不仅要考虑流转的经济效益,还要考虑社会效益与生态效益,而且这些效益之间存在矛盾与冲突,怎样处理好这些矛盾是决策必须解决的问题。

二、农地城市流转决策问题

（一）农地城市流转决策目标存在冲突性

在经济发展初期,城市化的起步阶段,农地城市流转决策目标单一,农地往往随时为城市建设的需要做出让步。但是随着经济的发展,生态环境问题的日益突出,城乡差距的日益拉大,在以工促农,乡村振兴的新时期,农地城市流转决策的目标是多元的。从土地管理的角度而言,农地城市流转决策的目标是实现经济、社会以及生态效益的可持续利用;从资源配置的角度而言,农地城市流转决策是在一定的经济技术条件下,使有限的土地资源产生最大的效益。其目标是追求土地利用的经济效益、社会效益和生态效益综合效益的最大化,但并不是几种目标间的均衡或同时获得几种目标的最大化,而通过一种主导目标,辅以其他目标的实现。

它不仅要视地区的实际情况做出选择,而且农地城市流转的优化决策要谋求行为主体之间的矛盾不断获得解决和协调。

(二)耕地保护政策"失效"

鉴于经济发展占用大量优质农田的事实,党中央、国务院采取了一系列严格措施保护耕地,实行世界上最严格的耕地保护制度。但近年来耕地保护制度与政策实施的效果并未达到预期目标(刘彦随等,2014)。为此,2017 年 2 月国务院印发了《中共中央国务院关于加强耕地保护和改进占补平衡的意见》,围绕构建最严格的耕地保护体系,以保护更加有力、执行更加顺畅、管理更加高效为目标,为做好新时期的耕地保护工作提供了根本遵循与指引(周怀龙等,2017),再一次体现了在新型城镇化推进中要像保护大熊猫一样保护耕地的理念。但是,耕地保护与地方经济发展、领导任期政绩往往会有一定的矛盾。因此,在耕地保护上,有些地方出现了上有政策、下有对策的现象,导致农地保护措施难以真正落实,农地保护政策目标难以实现。我国对地方政府官员实行短期任用制,任期一般为三至四年,并要对各级政府官员在其任期内的工作业绩进行考核。和任何一个具有有限理性的经济人一样,政府官员除了关注地区利益之外,也关心威望、地位、政绩等。因此,当政府官员面临在急功近利与长远规划之间进行选择时,政府官员会选择收益的现期价值超过成本的现期价值的政策。同时,政府官员的任期是有限的,就会使官员忽略其所管辖区域的长期发展(吴次芳和谭永忠,2002)。因此,也就有了"本届政府吃土地,下届政府吃空气"的说法(蔡运龙,2000)。

(三)农地非农化速度快、总量失控、空间不匹配

随着我国城市化的加速发展,我国人口城市化率由 2001 年的 37.66% 提升到 2011 年的 51.27%,城镇化率首次突破 50%。我国城乡结构发生历史性变化,开始进入以城市型社会为主体的新城市时代。土地等生产要素从农业向非农业集聚转移,土地非农化的速度明显加快。根据国土资源部的资料,1978—2004 年建设占用耕地的数量达 497.78 万

公顷,年均占用18.44万公顷;其中,1978—1989年年均建设占用耕地的数量为15.81万公顷,1990—1999年年均建设占用耕地的数量为16.81万公顷,2000—2008年年均建设占用耕地的数量为19.201万公顷。20世纪90年代以来,中国耕地面积减少324万公顷,其中,耕地转变为建设用地占耕地面积减少的46.29%(Tian et al,2003)。另一方面却是粗放型土地开发利用方式,造成我国城镇及农村用地大量闲置,土地利用效率低下(黄小虎,1996)。同时,我国城市土地结构失衡,城市用地中工业用地占了较大比重。除此之外,结构失衡还表现在城市用地的空间结构不合理,各城镇自成体系。土地非农化的空间失衡主要表现在层层下发的新增建设用地指标上。从《全国土地利用规划纲要(2006—2020年)》中可以看出,我国31个省级行政区所分配的新增建设用地指标绝对值最多的是新疆的20.9万公顷,指标最少的是西藏的2.66万公顷,前者是后者的7.86倍;增幅最大的是西藏36.3%,而增幅最小的是上海5.8%,前者是后者的6.266倍;考虑到2010—2020年建设用地增量是350万公顷,平均增幅为10.4%,那么增幅高于平均水平的省份主要分布在中西部地区,而东部只有上海、福建和浙江高于平均水平(王昱等,2012)。可以看出,新增建设用地的空间分配与经济发展呈现了不一致的局面,建设用地指标的分配与土地利用效率形成了"倒挂"。这也是近年来一些西部城市急剧获取建设用地指标,进行住宅开发造成鬼城现象的主要原因,浪费了土地资源在内的国家资源。

(四)决策科学性有待进一步商榷

传统的土地经济学理论认为,土地价值的改变是因为土地用途发生变化。就农地而言,它的比较经济效益要低于市地的各种用途,因而,在市场经济条件下,比较利益低的农地就有向较高效益的其他用地转换的冲动(蔡运龙,2005)。在市场机制的作用下,只要这种转换是有利可图的,农地必然不断地转换为非农地,这就形成了农地非农化市场。一般来讲,在这个市场中,农地的所有者和需求者是两个主要的行为主体,双方在一定的价格水平上达成买卖协议后,农地即可转换为非农地(曲福田等，2001）。我国的农地非农化虽有需求与供给，却未能形成市场，属于政府行为。有的地方甚至为了吸引投资，人为降低地价，结果除了造成国有土地资产的大量流失和大量圈地外，对地方经济的发展是否起到了促进作用还有待商榷，主要表现在政府对大量征而不用、占而不用的土地处于失控状态。一方面造成土地资源的严重浪费；另一方面，大量因非农化而失地的农民却无地可种。这些不仅造成了粮食供给的减少，而且不利于经济的发展和社会的安定。大城市边缘大量农地转化为城市住宅用地，造成了郊区住宅空置率极高，浪费了土地资源的同时，居民的居住问题也没有得到真正的解决，反而造成了城市的无序扩张。其中最重要的原因之一是土地价格被扭曲，土地租税费经济杠杆难以发挥调控作用，即农地非农化导致土地收益的剧增，大量的收益无法用合理的分配方式进行调控（刘维新，2000）。同时，由于制度、管理和监督的弱化和缺失，为各个利益主体获取农地非农化再分配收益提供了机会。而这种利益关系无法通过经济和社会机制来调控，导致农地非农化的失控（童建军，2003）。这不仅影响了我国城市化的质量，而且对粮食安全构成了威胁。

（五）农地城市流转决策主体之间博弈陷阱

《中华人民共和国土地管理法》规定，"建设占用土地，涉及农用地转为建设用地的，应当办理农用地转用手续"，并明确了国务院和省级政府的审批权限；《国务院关于深化改革严格土地管理的决定》重申，"农用地转用和土地征收的审批权在国务院和省、自治区、直辖市人民政府"。无疑，以国务院和省级政府为审批主体的农用地转用审批制度对控制农地城市流转发挥了重要作用。而中央政府和地方政府有各自的利益诉求，相对于以社会经济福利最大化为己任的中央政府而言，地方政府有其独立的政治、经济私利，符合经济人和政治人的假设，具备了与中央政府讨价还价的能力，进而成为独立的利益博弈主体。在这种情况下，地方政府与中央政府博弈的主要方式和途径表现为：一是突出和强调本地区在全国经济发展格局中的地位，影响中央政府的发展战略决策，争取政策上的优惠；二是重视本地区社会经济发展战略的制定，积极向中央政府推荐项目;三是利用各种关系,"跑'部''钱'进";四是地方政府为了吸引中央投资,往往低估所申请和引进项目的投资需要额,待项目上马之后,地方政府的投资往往并不能按时到位,迫使中央政府追加更多的投资(赵全军,2002)。而在地方政府与开发商的土地出让博弈中,没有双方都能接受的纳什均衡解,对开发商而言,如果政府不寻租,自己的最优策略是以正常手段获取利益;如果政府寻租,自己的最优策略是选择灰色手段;同样,对地方政府而言,如果开发商以正常手段获取利益,自己的最优策略是不寻租,而开发商选择灰色手段情况下,最优策略是寻租。所以只要行政监察机制不完善,这种博弈就会无限期地进行下去,双方永远都找不到使其均满意的策略(母小曼,2006)。

第三节　农地城市流转决策理论及其优化

农地不仅是一种重要的自然资源,而且是人类社会的宝贵资产,同时还是生态环境的重要组成部分,具有多功能性特征。在城市化快速发展的过程中,一方面需要将农地转换为建设用地,为城市化、工业化发展提供土地保障,以促进经济的发展;另一方面越来越少的农地还需担当起更多的粮食生产与生态安全重任。因此,政府进行农地城市流转决策时,既需要根据农地城市流转供求状况进行决策,又需要综合考虑多方面的目标,协调处理好农地城市流转各参与主体的利益,促进农地城市流转的多目标多主体的共生,建立长效的利益协调机制。这需要有科学的理论做支撑,在学习国外成功的决策理论基础上,探讨适合中国国情的决策理论框架体系。

一、前人的决策理论模型

无论是发达国家,还是发展中国家,在其城市化过程中,农地城市流转问题一直是一个颇受关注的问题,也是一个令决策者颇感棘手的问题。20

世纪70年代,由于食物、环境及能源问题的出现,使许多富有远见的资源经济学家与城市经济学家热衷于不确定性条件下的土地不可逆发展问题的研究,在进行不确定性、不可逆性问题决策分析时,重视"选择价值"的分析(Weisbrod,1964;Shoup,1970;Arrow and Fisher,1974;Henry,1974;Kennedy,1987;Capozza and Helsley,1990;Batabyal,2000),提出了一系列理论决策模型。在众多模型中,影响较大的有Arrow – Fisher – Henry模型、Hodge选择价值决策模型以及Capozza – Helsley – Batabyal的多阶段模型。

（一）Arrow – Fisher – Henry两阶段模型

这一决策模型是美国著名经济学家肯尼斯.J.阿罗和安东尼.C.菲希尔及亨利于1974年提出的。该模型基于几个基本假定,将决策分为两期,根据每一期土地发展与保护期望效益的比较来进行决策。在模型中,他们阐述了土地发展问题,并且诠释了选择价值的概念,也称之为Arrow – Fisher – Henry选择价值概念或称为准选择价值。这个概念告诉我们发展是不可分的,也是不可逆的,如果土地所有者忽视了获得发展预期新信息的可能性,就选择发展,那么不可避免的是低估了土地保护的效益而进入了发展与保护的两难选择。在模型中,当土地开发商将土地发展的不可逆性与当前的决策相结合的时候,令 $\tilde{d}_1$ 为第一个阶段发展的土地面积;当土地发展不考虑发展的不可逆性时,令 d_1^* 为第一个阶段发展的土地面积;由于选择价值没有负面影响,因此, $\tilde{d}_1 \leq d_1^*$ 。这正如Hanemann(1989)所说:只有当人们认识到发展结果的未来预期的时候,保护土地的选择才能得到肯定。

（二）农地城市流转多阶段决策模型

如果说两阶段模型是解决今天发展还是选择明天发展的问题,那么多阶段模型就是解决什么时候发展的问题。尽管在Timan(1985)的住房与空地两阶段选择模型中提到了多阶段问题,但是真正提出了土地发展的多阶段属性问题是Capozza和Helsley(1990)及Batabyal(1997)。Capozza和Helsley提出了将土地发展的时间问题作为第一暗示时间,在他们的模型中,城市土地租金是时间与到商服中心区的距离的函数,而且城市租金函数是一个布朗上升过程,假设 R^* 为服务租金水平。为此,他们建立了在时刻 t^* 农地城市流转的最优化模型,这里的 t^* 表示如下:

$$t^* = \min_s \{ t + s \geq \frac{t}{R(t+s,z)} \geq R^* \}$$

式中 t 为时间,z 为土地到商服中心区的距离,R(t,z) 为城市土地租金函数。换句话说,土地城市流转应该在土地租金大于服务租金的第一时刻。与第一暗示时间方法相比,Batabyal(1996,1997)使用马尔可夫决策过程回答了土地发展时间的问题,他在离散的时间内提出了阻止土地发展的最优化问题。

(三)Hodge 模型

澳大利亚昆士兰大学 Lan Hodge 教授于 1984 年在《农业经济杂志》上发表《不确定性、不可逆性及农地流失》一文。在这之前农地流转评价与分析一般都不涉及不确定性和不可逆性问题,导致过高估计农地发展价值。Hodge 认为,农地流转与否不能简单通过非农地预期收益的贴现值超过农地预期收益的贴现值来判断。在考虑农地流转的不可逆性和不确定性情况下,做出的决策无论是农地保护还是发展,都有可能是错误的选择。所以他将以前的流转决策标准作适当修正,并主张以更保守的决策标准"准选择价值",即最大期望损失最小化作为决策标准。

(四)Muth 模型

美国土地经济学家穆什(Muth)1964 年在《计量经济学》上发表《经济增长与农地城市流转》一文,在理论上阐述了农地流转模型,从而成为最早提出农地流转模型的经济学家。该模型建立的假设前提是存在一个穆什平原,其间有一单中心城市,处于农村腹地内。城市只有两种商品的需求,第一种产品为以粮食为主的农产品,第二种产品为住宅。基于上述假设条件,农地是否流转则取决于:其一,农产品是全国性的,还是地方性的;其二,城市对两种商品的需求,要考虑需求弹性的大小。

综上,已有农地城市流转决策模型已经考虑到农地城市流转的不可逆性以及农地的非市场价值,为农地保护政策的制定提供了一定的依据。Arrow - Fisher 模型将决策过程分两步进行,而且将农地城市流转不可逆思想融入模型中,为人们进行决策研究提供了新思路。多阶段模型提供了控制土地流转的最优模型。Hodge 模型的最大期望损失最小化决策思想避免人们盲目决策造成不可挽回的损失。以上决策模型对流转时机、不确定性和外部性等因素进行了充分的考虑,但是其决策是以私人土地所有者的视角进行,土地所有者根据市地—农地价值的比较即可确定某一农地地块是否应当转用,政府管理者并不参与决策,只是由于外部性的存在,地方政府需要通过管制、税收类政策,使辖区总体的农地转用数量和空间布局达到均衡和最优,这与我国的农地城市流转现实不相符。而且已有的农地城市流转模型都是以土地收入的净现值收益的比较原理为基础而建立起来的,为农地城市流转决策提供了理论依据。但是,这些模型对于解释大量土地流转的事实,以及给未来政策的颁布提供一个可靠的依据是不够充足的。另外,现有的农地城市流转决策模型中都假定土地是均质的。我们知道,土地不仅在质量特征,而且在空间特征上都存在着显著的差异。仅仅考虑均质性,而不考虑异质性,所建立的决策模型显然是难以进行科学决策的。

二、前人的农地城市流转决策理论

传统土地经济学认为,土地价值的改变是因为用途发生改变,也是土地生产物发生改变的结果。就农地而言,它的比较经济效益要低于市地的各种用途,因而在市场经济体制下,比较效益低的农地就有向效益较高的其它用地转换的冲动(蔡运龙,2000)。只要这种转换是有利可图的,农地就必然不断地转换为非农地,这就形成了农地非农化市场。一般来讲,在这个市场中,农地的所有者和农地的需求者是两个主要的行为主体,双方在一定的价格水平上达成买卖协议后,农地即可转换为非农地(曲福田等,2001)。我国的农地非农化虽然也有需求与供给,却未能形成市场,属于政府行为。政府尤其是地方政府作为我国农地非农化的直接决策者,他不仅要考虑经济利益,而且还要考虑社会和生态效益,而后者往往在政府决策体系中占据重要地位。可是当前对土地资源的利用方向、投入方向等方面的决策往往是凭借部门管理者的直觉判断或根据局部利益出发进行,而不是根据具体地域土地的生态条件、土地潜力进行(罗微等,1997)。农地城市流转决策多是建立在农地原使用价值(Ra)和农地转用的使用价值(Ru)简单比较的基础上,若 Ru - Ra >0,农地流转;若 Ru - Ra <0,保护农地;若 Ru - Ra =0,即可以选择保护也可以选择流转(见表4-1)。

表4-1　农地城市流转决策的一般模型

Tab. 4-1　General Pattern of Land Conversion Rural to Urban Areas

价值比较	决策模式
Ru - Ra >0	农地流转
Ru - Ra <0	保护农地
Ru - Ra =0	农地流转或保护

显然,这种决策模式是基于不同用途的土地或同一块土地在不同用途状态下给使用者(或所有者)带来的土地收益差。农地的直接经济收益与建设用地的直接经济收益之间客观上存在着较大的反差,使得农地转化为非农建设用地的行为或企图与日俱增,直接的利益诱因造成的耕地锐减之势尤为严重(谭仲春等,1998)。如开发区热、房地产热占用了交错区大量优质高产的农地,不仅使农地资源更加稀缺,粮食和主要农产品供给不稳,而且还出现了一系列生态环境问题(张安录,2001)。部分原因就是由于有关决策没有科学地反映出土地收益的差别,忽视了对农地利用过程中存在的选择价值与外部性问题的评估,即对农地资源的总价值没有全面认识和评估,从而做出不合理的判断与决策(谭仲春等,1998)。正如理查德(Richard)(2001)所言:一个不考虑资源非使用价值的成本—效益分析和经典的经济研究,轻则是不完善的,重则是误导的。

三、农地城市流转决策优化

（一）农地价值

农地作为集资源、资产、环境于一体的特殊自然资源，人们对它的认识往往是农地的直接生产价值，而其他价值由于难以量化而被忽视。国内外研究证明，其他非使用价值在农地总价值中占相当大的比例。主要包括选择价值、存在价值（EV）与馈赠价值（BV）、外部性等，将这些价值纳入农地城市流转决策的框架有利于提高决策理论的有效性与科学性。

1. 选择价值（OV）

选择价值，其最初含义是保证提供农地优良环境品的保险金（premium）（Weisbrod，1964）。Bishop（1982）和 Freeman（1985）等又在此基础上加以发展。选择价值主要是消费者对农地资源的未来需求及供给不确定，而当主管机构要做出决策是否保护、转移此资源时，消费者为了要确保未来需求可以获得满足，所愿意额外支付的代价，就是选择价值。人类未来需求的不确定性和土地资源开发能力的不确定性决定了农地资源的未来供给和需求具有不确定性，从而产生了选择价值（刘祥熹和庄淑芳，1995）。由于农地城市流转是一个单向的、不可逆过程，农地一旦流转，其大多数功能即将随着流转或者消失，选择价值也将消失。对于人多地少的中国，农地不仅关系到粮食安全问题，而且事关我国社会经济的可持续发展。农地巨大的选择价值自然不容忽视。在农地城市流转决策中，应该将其纳入其中（见表4－2）。

表4－2　农地城市流转决策的优化模型（一）

Tab. 4－2　**Pattern of Rural to Urban Land Conversion**

价值比较	决策模式
$Ru - (Ra + OV) > 0$	农地流转
$Ru - (Ra + OV) < 0$	保护农地
$Ru - (Ra + OV) = 0$	农地流转或保护两者皆可

2. 农地的存在价值(EV)与馈赠价值(BV)

农地的存在价值,是指当代消费者现期和远期不消费农地资源,仅从农地保护的信息而获得的满足。从某种意义上说,存在价值是人们对环境资源价值的一种道德上的评判,包括人类对其它物种的同情和关注。农地的馈赠价值,是指当代消费者考虑后代的使用权,愿意支付若干代价以保护农地资源,让子孙后代也享有农地资源所带来的效用。可见,农地一旦流转,其存在价值、馈赠价值与选择价值一样即将消失。农地流转决策忽略这部分价值是有失于代际公平原则的。鉴于农地选择价值、馈赠价值与存在价值三者可能存在相互重叠与交叉,以及农地非使用评估方法难以将三者分开,所以农地城市流转决策模型应将非使用价值纳入决策框架(见表4-3)。

表4-3　农地城市流转决策的优化模型(二)

Tab. 4-3　**Pattern of Rural to Urban Land Conversion**

价值比较	决策模式
Ru - (Ra + NUV) > 0	农地流转
Ru - (Ra + NUV) < 0	保护农地
Ru - (Ra + NUV) = 0	农地流转或保护两者皆可

式中 NUV = OV + EV + BV。

3. 农地资源的外部性

农地除了能够提供粮食、纤维等私人物品外,还可以提供优美的田园风光、调节大气、降水、调节地表水流等多种公共物品。但这些环境效益和社会效益对市场来说是一种"外部性"效益(假设为 Eb)。而传统的农地流转决策往往不考虑农地的公共物品属性。因此,即使在完全市场条件下,农地流转的边际社会成本 MSC 大于边际私人成本 MC(见图4-1)。

两者的差额即边际外部成本(MEC)并没有让责任者来承担,农地转用存在着负的外部性（Ec）（董德坤等，2004）。在土地需求曲线为 D 的市场条件下，个人倾向于将数量为 Q_1 的农地向城市转移，而社会最优量为 Q^*，因此，当存在外部性时，农地流转的效率是比较低下的，在市场调节下农地向城市流转的数量大于社会最优量，有数量为 $Q_1 - Q^*$ 的农地过量流转。

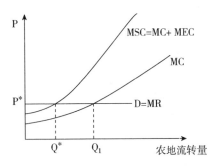

图 4 - 1　农地城市流转外部性
与市场均衡

Fig. 4 – 1　Market Equilibrium and Externality of Rural to Urban Land Conversion

（二）农地城市流转决策理论优化

综上，若从社会、经济、生态综合效益的角度看，即使农地过量流转引起的环境质量恶化暂时不会导致传统商品和劳务的生产能力降低，但是这势必影响未来人类的生存质量，增大生存压力，这与可持续发展思想背道而驰。从可持续发展的长远观点和全局利益来衡量，农地流转决策必须同时把非使用价值及外部性考虑进去，才能将土地的价值加以体现，使其转用与否更为精确。

由于农地不论继续保持农用，还是转为非农用途，其使用者使用土地不仅能够提供现时的纯收益或产品，而且还能期待在未来年期源源不断地继续取得。所以，以上农地与非农地的总价值的比较应该为净期望现值。即：农地保护的净期望现值（NPV$_a$）与农地转用的净期望现值（NPV$_u$）进行比较。

表 4 - 4　农地城市流转决策的理论模型

Tab. 4 – 4 Pattern of Rural to Urban Land Conversion

价值比较	决策模式
（Ru + Ec）－（Ra + NUV + Eb）> 0	农地流转
（Ru + Ec）－（Ra + NUV + Eb）< 0	保护农地
（Ru + Ec）－（Ra + NUV + Eb）= 0	农地流转或保护两者皆可

如果 $NPV_a > NPV_u$,则应该选择保护农地;

如果 $NPV_a < NPV_u$,则应该选择流转;

如果 $NPV_a = NPV_u$,则选择两者皆可。

同时,农地城市流转决策还要根据一个地区的经济发展及资源禀赋等因素共同决定是否需要流转。

(三)农地城市流转决策理论优化结果

农地不仅具有使用价值,而且具有非使用价值,在农地城市流转决策中,往往由于农地非使用价值难以评估而被忽视掉,随着评估技术的进步,人们逐渐地意识到农地城市流转造成巨大选择价值的消失,将带给人们不可挽回的损失。如华尔士等(Walsh et al,1984)对科罗拉多野生生物保护的非使用价值做出估计,三项价值大约为农地总价值的40%。纳伍罗德(Navrud,1988)对 Bowker 及 Stoll 地区农地保护在水资源质量改善上的非使用价值进行估计,结果表明,非使用价值为总价值的63%。霍雅勤,蔡运龙(2003)对甘肃省会宁县耕地总价值的评估,经济价值仅仅占总价值的2.8%;外在于市场的价值则占有非常高的比重,社会价值占总价值比重为43.5%;生态服务价值在总价值中所占比重为53.7%。可见,如果将农地的非使用价值与外部性纳入模型,农地流转后所产生的社会、经济与生态效益不一定大于耕地具有的社会、经济与生态效益。因此,对于农地城市流转决策,既要考虑其市场价值,也要考虑其非市场价值;而农地城市流转的规模还需要结合流转区域的发展特点进行,尤其是随着福利经济学的发展,从流转前后的福利变化进行比较更加符合利益主体的预期。

第四节　农地城市流转制度发展新趋势

农地具有承载生产资料与社会保障的功能,这两种功能在一段时间内是矛盾的,不能兼得。生产资料的优化配置要流转,而社会保障功能却要求我们保留农地,但是如果不弱化农地的社会保障功能,农村土地的流转又要受到限制。同时,农村土地既是生产要素又是政策工具,农地承载维护国家粮食安全的功能,城市土地承担着参与宏观调控的功能。最后,农村土地既涉及生产关系,又涉及多重社会关系。在当代中国,没有哪个问题像土地问题这么敏感和复杂。因此,中央多次强调要加快农地改革,难点在于农地流转怎么改,以何种理念为指导,通过哪些方面来实现制度优化。而农地流转制度改革绕不开农地流转的参与主体,尤其是作为国土资源主权代理的政府与作为土地财产主体的农民。为此,这里在分析当前制度政策环境下,梳理农地城市流转制度改革新趋势。

一、农地城市流转制度改革的环境分析

(一)经济的快速发展与城市化的快速推进

随着经济的发展、城市化的推进,城市用地空间拓展已成为城市化过程中土地利用的主要特征之一,城镇用地的增加必然要占用周边的耕地,导致农地过度非农化。1981 年我国城市建成区面积仅为 7438 平方公里,2002 年增加到 25972.55 平方公里,为 1981 年的 3.49 倍,年平均增加6.13%,城市扩张用地面积的近 60%是外延扩展占用的耕地,而且多为近郊优质的良田、菜地,给城乡结合部的土地利用特别是耕地带来了巨大的压力,使得城乡结合部已经成为土地利用变化频繁、耕地非农化问题突出、生态环境相对较脆弱的特殊地域(崔功豪等,1990;顾朝林,1995;周国华与唐承丽,2000)。而过去三十年,中国经济增长主要是投资拉动型经济,而投资主要投向是房地产、基础设施建设等方面,说到底这些投资都是一种土地投资,土地对经济增长的贡献巨大。梁志元(2017)研究得出,中国土地供应量和经济增长的相关性较高(图 4-2)。

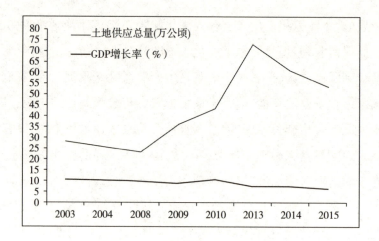

图 4 - 2　土地供应量和 GDP 增长率

Fig. 4 - 2　Land supply and GDP Growth Rate

数据来源:梁志元.中国农村土地流转制度创新研究[D].长春:吉林大学,2016.

但是两者还是出现了背离的情况,一味地靠增加土地的供应量并未造成经济的同步增加。同时,中国经济增长在表现形式上就是城市面积的不断扩大,城市面积的扩大主要依靠对农村土地的征收。从 1999 年到 2014 年,征收农民土地 24282.41 平方公里,新增建设用地 29475.14 平方公里,征地占新增建设用地面积的 82.38%。可见,尽管中国实行世界上最严格的耕地保护制度,但并没有减少土地的供应,而征地对建设用地的保障,成为推动经济增长的重要因素。2007 年至 2013 年,全国共出让土地 195.66 万公顷,现有库存的储备土地高达 887.64 万公顷。土地收储机构债务负担过大和库存土地过多,集聚了大量金融风险,威胁到国家的可持续发展。

(二)农地城市流转利益分配的非均衡性

流转收益的非均衡性主要指政府征地后土地的经济价值得到了不断提高,而农民仅仅得到按照前三年农地平均年产值的倍数计算的土地补偿费、安置补助费。即使政府提高了补偿倍数,但是政府的收益仍为农民收益的数倍。2010 年,在土地征收过程中,政府收益与农民和集体的收益比为 11.65∶1,2011 年国家提高土地征收补偿标准后,农民受益有所提高,但是 2012 年该比例仍为 4.27∶1。根据国土资源部相关公报资料计算,从实行土地有偿使用制度的 1987 年内年底开始至 2011 年年底,全国累计收取土地出让金 113000 亿元。但是在土地收益分配中,政府得到60%—70%,村级集体组织得到 25%—30%,农民得到的少于 10%(谭荣与曲福田,2014)。这是造成失地农民与政府发生征地冲突的根源。正是这套独特的农地城市流转制度安排,中国将稀缺的土地资源大量配置于工业用地与城市的扩张,一方面地方政府利用法律赋予的征地权,按照土地原用途给予征地农民的土地补偿和安置补助。另一方面实施土地一级市场国家垄断制度,任何单位和个人要想使用国有土地必须依照一定程序向国家申请获得。这样政府在土地获得和土地出让两个环节都占有绝对优势。并且通过低价征收与高价出让的方式获取了巨大收益,加剧了分配的非均衡性。

(三)农民群体的利益诉求多元化

随着经济的发展,农民的权利意识逐渐觉醒,对征地补偿不合理等现象采取各种抵制措施。为了应对被征地农民对经济利益的诉求,政府不断提高补偿标准。1953 年《国家建设征用土地办法》对土地的补偿时以2—4 年的定产量总值为标准,1986 年《土地管理法》将土地补偿费规定为耕地被征用前三年平均年产值的 3—6 倍;1998 年《土地管理法》中将征用耕地的土地补偿标准规定为耕地被征用前三年平均年产值的 6—10倍。仍然未启动土地财产性补偿,中国不得不将安置和就业作为土地征用中的一种补救手段。1953 年《国家建设征用土地办法》中规定将安置于征地之前,即未进行安置则不得征地;1987 年《土地管理法》中规定,以耕地被征用前三年平均每亩年产值的 2—3 倍作为一个需要安置的农业人口的安置补助费标准对农业人口进行货币安置;1998 年《土地管理法》则将这一标准提高到 4—6 倍。显而易见,这种按耕地产值倍数进行货币补偿的劳动力安置办法,难以保障失地农民的长远生计。面对征地补偿标准较低和农用地转用后巨大的价值增值,农民群体争取经济利益的主观诉求强烈,同时,农民在争取补偿的参与权,保障自己的合法权益等,利益诉求逐渐多元化。

二、农地城市流转制度改革新趋势

随着经济的发展,城市化进程的加快推进,现行的农地城市流转制度出现了土地要素贡献下降的状况,农民的各种利益诉求也不断发生着变化。尤其是随着改革的深入和新农村建设、乡村振兴,特色小城镇建设及美丽乡村等战略的推进,统筹城乡发展、可持续发展的理念逐渐深入人心。社会发展的新趋势、新现象不断改变着农地城市流转的制度环境。一方面,城乡基础设施建设的不断完善,使得城郊农村土地的价值不断提高,也提高了人们对土地价值的预期。另一方面,法制观念的深入,农民权益观念不断增强,平等分享农地城市流转后增值收益的愿望也越来越强烈。人们观念的变化改变了对土地的权利观念,也改变了农地城市流转的制度环境,导致农民对土地增值收益等外部利润强烈的获利动机,从而推动制度创新。

（一）征地改革趋势

2014 年 1 月,中共中央、国务院颁发的《关于全面深化农村改革加快推进农业现代化的若干意见》规定,在符合规划和用途管制的前提下,允许农村集体经营性建设用地出让、租赁、入股,实行与国有土地同等入市、同权同价。2015 年,中央办公厅和国务院办公厅联合下发了《关于农村土地征收、集体经营性建设用地入市、宅基地制度改革试点工作的意见》,这标志着,中国农村土地制度改革即将进入试点阶段。国土资源部姜大明部长表示农村土地制度改革将围绕五个方面展开:一是缩小征地范围,规范征地程序,完善对被征地农民合理、规范、多元保障机制;二是扩大国有土地有偿使用范围,减少非公益性用地划拨;三是建立城乡统一的建设用地市场;四是在符合规划和用途管制的前提下,允许农村集体经营性建设用地出让、租赁、入股,实行与国有土地同等入市、同权、同价;五是建立兼顾国家、集体、个人的土地增值收益分配机制,合理提高个人收益,完善土地租赁、转让、抵押二级市场。以城乡土地市场二元分割和非对称的土地权利架构塑造了非均衡的土地利益分配机制,造成了农地非农化的利益冲突与矛盾。而以农村集体经营性建设用地入市为突破,推动集体建设用地循序合法入市,无疑将改变既有农地非农化模式下土地增值分配关系的生成逻辑,为制度改革提供了新趋势。

(二)土地出让方式的试点性改革内容

土地"招拍挂"制度改革的核心是解决高地价的问题。自2004年正式实施以来,招拍挂方式一定程度上遏制了腐败寻租行为,净化了土地市场,但是现行的招拍挂制度必然产生地王。"地王的出现正是市场博弈的结果,地价飙升背后却是制度性尴尬。"研究员回建强指出,政府现在最需要破解土地公平转让与地价飙升之间的矛盾。尽管招拍挂制度在一定程度上助推了高地价,但土地供给有限造成的供需矛盾才是地价层层上涨的更深层原因,即供不应求。因此,面对新问题,招拍挂出让制度需要由单一的"市场配置、价格引导"向实现多重目标的资源配置转型,在理论研究与实践探索中谋划新的出让方式。融合现行出让方式优点的"多要素拍卖",与其他出让方式组成的出让体系,在一定程度上能够有效抑制高房价。目前已推出的出让方式主要包括三种:第一种"限房价、竞地价",即对出让土地限定房价,任由开发商竞争地价;第二种"一限多竞"制,即除了限定房价外,竞地价外,将竞争的条件放宽,还竞争设计方案、绿化等指标;第三种是设定封顶地价,达到封顶价后,开发商将改为竞争配建的保障房面积。

此外,还有土地出让金的使用分配问题。土地出让金主要由地方政府获得,其支出顺序依次为失地农民补偿与保障、"三农"建设、农田水利建设和廉租住房开发等专项支出、城市建设等其他支出,但实际上绝大部分的土地出让收益被用于城市建设。有学者提出土地出让金使用分配应明确支出使用方向与比例,尤其是要制定公益性支出项目名录及其比例,合理提高"三农"在土地出让收入分配中的比重,提高用于民生和农村支出的份额,强化土地出让金的分配功能,确保土地出让收支管理彰显公共性质。城市土地出让金的分配分为集体(农民)与政府间的分配、政府内部的分配两类。由于不同来源的土地增值收益难以分割,现有研究大多将土地出让金作为土地增值收益的一部分,来讨论土地增值收益在集体与政府间的分配,这与征地补偿制度密切相关。传统的土地出让金分配侧重于不同利益相关主体间的收益分配,在逐步破解城乡二元经济结构和构建市民、农民、移民三元社会结构的背景下,亟须构建适应"同城同待遇"的土地出让金分配制度。土地出让金使用范围是否可以扩大至教育、医疗卫生等更多的民生领域,让更多的国民享受土地出让金待遇,真正实现土地出让金取之于民、用之于民等问题还有待于深入研究。

(三)出让设想:土地廉租制

国土资源部调控与监测司董祚继认为,土地批租制造成地方政府对土地财政的严重依赖,也提高了企业用地成本和用地门槛,透支未来,造成代际不公。他对当前土地制度的改革建议就是要遵循城市发展规律,坚持市场配置土地,发挥土地国有优势,改革土地出让制度。具体来说,由土地批租制改为土地廉租制。土地批租制,是一次性出让70年的土地使用权,改为廉租制就是按年或短期三五年进行租赁。土地廉租可以摆脱政府对土地财政的严重依赖,降低土地初始取得成本,能抑制房地产的投资投机需求,杜绝企业圈地行为,还能实现土地增值共享,促进公平。在土地廉租制下的房地产模式,既不同于70年产权的商品房,也不同于廉租房或经济适用住房。廉租制是支付了土地金的产权房,土地还是通过竞争取得,只不过招拍挂的对象不是70年,而是一年或三五年,年租金还可以与房地产税合并征收。经济上实现了土地国有制,市场化配置土地保持了竞争方式。居民住房拥有产权,有产权才有恒心,有产权才有家,有家城市才有活力,才能生长壮大,这是城市发展的基本规律。

(四)集体建设用地建设租赁住房试点方案的推出带动农村土地制度的改革

党的十九大不仅对房地产的功能与属性定调,而且提出了租购并举的政策框架设计。2017年8月,国土资源部住房城乡建设部关于印发

《利用集体建设用地建设租赁住房试点方案》的通知,提出为增加租赁住房供应,缓解住房供需矛盾,构建租购并举的住房体系,建立健全房地产平稳健康发展长效机制。根据地方自愿,确定第一批在北京、上海、沈阳、南京、杭州、合肥、厦门、郑州、武汉、广州、佛山、肇庆、成都等 13 个城市开展利用集体建设用地建设租赁住房试点,着力构建城乡统一的建设用地市场,这有助于拓展集体土地用途,拓宽集体经济组织和农民增收渠道;有助于丰富农村土地管理实践,促进集体土地优化配置和节约集约利用,加快城镇化进程,成为近年来征地制度改革的新趋势。近年来,北京、上海等城市加快租赁性土地供应,住房租赁市场发展迅速。为此,人民日报发文,未来全国将有 30% 的人通过租赁实现住有所居,租房也能够成为体面的生活方式。这些为土地制度的改革提出了新的方向。但是长租公寓若要可持续发展,则需完善相关的租赁土地政策,配套相应的政策和金融服务,增加企业信心,解决租客支付能力有限的问题。

第五章

农地城市流转多目标多主体的共生分析

第一节　多重目标的共存：农地城市流转决策
的目标体系

农地城市流转的目标是什么？这是研究的前提。已有的研究对于农地城市流转决策的目标，只是零星地从粮食安全、经济发展等角度进行探讨，没有专门系统地探讨农地城市流转要实现哪些目标，尤其是各个目标之间的关系问题，尚未做较为深入的剖析。本章节尝试从不同的角度，对农地城市流转决策的目标体系进行探讨。

一、可持续发展目标体系

无论发达国家，还是发展中国家，在其工业化、城市化推进过程中，农地城市流转不可避免。但是农地的过度流转不仅没有带来城市化效益的提高，反而造成了城市的无序蔓延、土地资源的浪费，危及国家的粮食安全。加之农地的稀缺性、公共物品属性以及多功能性，一些国家都会对其进行管控，以促进土地资源的可持续利用。因此，要了解农地城市流转的目标体系首先需要明确可持续发展本身要实现哪些目标。按照世界银行的表述，可持续发展的目标，就是要实现自然经济社会复合系统的平衡与和谐。从经济子系统而言，就是要获得经济质和量的持续增长，资金投入和效益的最大化；从社会子系统而言，就是要追求社会均等，包括广大公众

70

的参与,满足不同需求的人做出最佳选择的社会流动性等;从自然生态子系统而言,就是要在其承载力范围内,合理使用资源,保护生物的多样性。

二、农地城市流转的目标体系

改革开放以来,中国城镇化水平从 1978 年的 17.92% 上升到 2015 年的 56.10%,年均增长 1.03 个百分点。农地非农化作为城镇化过程中的必然产物,为工业化和城镇化提供了强有力的支撑,土地的"宽供应"和"高消耗"保障了工业化和城镇化的快速推进,同时也造成建设用地的低效利用、优质农地的大量流失、生态环境的退化等一系列现实问题(李涛,2016)。可见,农地城市流转牵涉到众多相互关联的方面。因此,农地城市流转决策的目标体系需要从不同的角度来进行分析。一般来说,尤其是我国特殊的土地国情背景下,农地城市流转决策必须协调发展和保护两者之间的关系,这也是实现可持续发展的一种方式。另外,也可以从不同的自然和社会纬度来划分,将农地城市流转决策目标分为经济、社会和生态三个方面,认为农地城市流转决策是要同时实现上述三个方面的可持续,即保护生态环境、在社会效益方面可以接受并且具有促进经济发展的作用。最后,还可以根据目标主体来划分,认为农地城市流转必须在郊区、城市及国家之间建立良好的互动关系,从而实现共同发展。

(一)保护与发展两大目标

"一要发展,二要保护"是我国城市化进程中面临的两大任务。而进行农地城市流转决策,也需要寻求保护和发展之间的平衡。而对于农地城市流转要保护什么,发展什么。在已有文献中,对此进行专门论述的较少。对于农地城市流转的保护对象,根源于粮食安全问题,是为了保障国家与人民的生产生活不会因为粮食供应无法保障而产生危机。而耕地保护的内涵在于保护区域耕地的生产力(林培,2000),即保证区域内一定耕地面积和耕地质量下的农作物产量。在城市化发展初期,很长一段时间里主要集中于对耕地数量、粮食安全的保护,这主要与我国的人多地少、耕地后备资源不足的国情有关(赵小风等,2011)。随着城市化的快速推进,耕地保护的目标在拓展(唐健等,2009)。现阶段中国现行耕地保护的科学内涵是包涵保证粮食安全、保障社会稳定、保持生态安全的社会经济可持续发展的综合性目标体系(周小萍等,2007)。仅仅保护耕地是不够的,耕地作为农地的精华,处于整个农地生态系统之中,而农地不仅仅具有经济价值,还具有非经济价值,具有正的外部性的公共物品属性,同时还具有多功能性的特征。因此,农地城市流转决策的保护不仅仅包括农地资源,还需要保护农地所处的土地系统及其所属的土地权益。而发展则是一个含义广泛的词汇,首先,我们必须明确是谁的发展? 发展什么? 朝着什么方向发展? 尽管在大多数文献中,发展更多地是指经济发展,城市的发展,尤其是所处的城市与区域的经济发展。但是,本研究认为,从农地城市流转决策的角度而言,发展首先应该是农地所处区域的发展,包括其经济的增长、居民生活水平的提高、社会经济状况的改善、区域生态环境的优化。

可见,保护和发展两个目标的对象不同:保护的对象按照其存在方式包括自然资源和社会资源,而发展的对象按照主体则包括土地所有者、农地所有者、使用者及城市与农地所在区域等;另一方面保护与发展的目的不同:保护主要是确保维持和恢复,侧重于对过去状态的恢复和当前状态的保持,确保农地达到良好的状态,而发展主要是在改善当前状况的前提下以未来为导向。

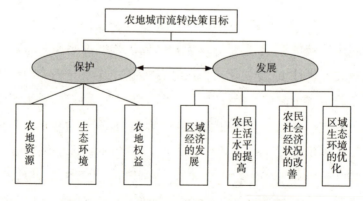

图 5 -1　农地城市流转决策的保护与发展目标

Fig. 5 -1　Protection and Development Goals of Decision - making of RULC

（二）生态、经济和社会文化三维度目标

对于农地城市流转决策的目标，还可以从生态、经济、社会文化等纬度来衡量。在工业化、城市化初期，受传统土地经济学理论的影响，人们一味地追求经济发展导致大量农地的流失。随着经济的发展，城市化的快速推进引起的耕地非农化问题，直接或间接地影响着粮食安全、气候变化、水资源及生态系统，对地球生命支撑系统的威胁可能更为直接（李秀彬，1999）。农地城市流转在助力城市化推进、经济发展的同时，其所造成的生态环境问题引起了世人对这一问题的强烈反思。其中，土地利用的外部性、环境问题及粮食安全问题更是受到社会各界的广泛关注。

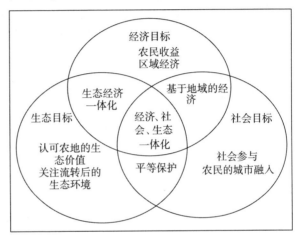

图 5 - 2　农地城市流转的社会、经济、生态三维度目标

Fig. 5 - 2　**The Social, Economic and Ecological Goals of Rural to Urban Land Conversion**

因此，继续依据流转前后土地的经济价值判断流转与否显然不合时宜，社会效益与生态效益逐渐进入决策者的视野。如黄烈佳（2007）根据广泛的可持续发展目标，构建农地城市流转决策指标体系（目标体系）——生态、经济、社会。农地城市流转决策就是要同时实现经济发展与农地保护的共生，实现经济、社会、环境等方面的可持续性，确保流转的经济、社会与生态效益多重目标的共生。即实现三个方面的平衡，实现三方面收益的最大化和负面影响的最小化。按照三纬度论，农地城市流转的目标体系如图5-2所示。

（三）三要素（农民集体组织、政府和土地开发商）目标

农地城市流转按照土地所有权和土地使用权转移情况可分为土地征

收阶段和土地出让阶段两个阶段。在土地征收阶段,征地者(政府)是买方,被征地者(农民集体经济组织)是卖方。买方追求以最低价格征得期望数量和质量的土地;卖方追求以一定的土地获得最大收益。在土地出让阶段,开发商获得国有土地使用权的过程不仅是土地开发商之间相互竞争的过程,也是"土地开发商集体"与土地出让者竞争议价的过程,其结果直接决定了出让价格。土地开发商集体是这个过程的买方,实施土地有偿使用管理的政府是卖方。买方追求以最低价格获得期望的土地;卖方追求以最高价格增加政府财政收入、落实严格土地管理、节约集约利用土地的精神等。农民集体组织、政府和土地开发商三个主体通过两个阶段的交易、相互协调和平衡以实现多主体的共同发展(图5-3)。

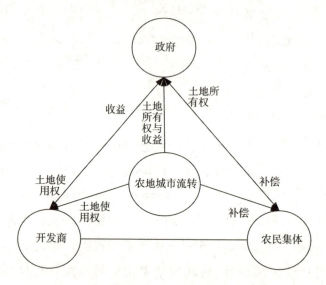

图5-3　政府、农民集体、开发商三者相互受益的目标

Fig. 5-3　Three Mutually Beneficial Goal among the Government,
the Farmer Collective and the Developer of RULC

三、农地城市流转目标体系中的主要矛盾

农地城市流转在实现可持续发展的过程中,在处理保护与发展之间的关系,促进经济、社会与生态的可持续目标时,政府、农村集体与土地开

发商的共同受益等方面面临着各种各样的矛盾。

（一）保护与发展目标之间的关系：底线在哪里？

保护是发展的前提，发展是保护的目的；没有保护，发展就失去了资源基础。没有发展，保护就成了没有目标的纯粹主义。但问题是，在面对一个现实问题的时候，往往难以找到一个调和点或者折中方式从而实现保护和发展的绝对平衡。因为，调和需要妥协和交易，折中意味着让渡利益。二者能否在现实操作中达到均衡？如何设计出一个完美的制度来确保这种均衡的稳定性？在城市化加速发展的进程中，经济要发展，国家要建设，城市规模要扩大，这是客观事实。不占用一定数量的耕地，也是不可能的。问题是：国家建设用地是否一定要占用良田？城市规模要扩大，是否一定要像摊煎饼似地向四周蔓延？城市空间规模的扩展要不要有个限度？城市发展，并不意味着必须占用大量耕地，发展的途径也是多方面的。房地产开发更不一定要占耕地，选择的途径也是很多的。城市发展，不能把发展的支撑点放在外援上，必须考虑耕地面积、土地承载力与城市发展规模的协调问题。相反，一个城市周围确保一定数量的肥沃耕地，不仅可以为城市工业提供价格低廉的原材料，也会为城市人民生活提供充足的农副产品和粮食，确保城市健康发展。耕地保护与城市发展，就是这样一种相辅相成的关系，同时，也有相互矛盾和对立的一面（刘维新，1995）。如何认识城市用地迅速增加和耕地资源保护之间的矛盾？学术界主要有两种观点：一种观点认为城市用地的无序蔓延导致耕地资源的紧张，成为影响中国社会经济可持续发展的关键因素；另一种观点则认为城市用地的集约度要高于农村，城市的发展为耕地集约利用提供了可能。谈明洪等（2005）利用遥感数据，分析了我国部分地区城镇人均用地和农村人均居住用地的差距。结果认为城镇人均用地并不像人们想象的那样远低于人均农村居民点用地，而是较为接近。即城市用地的扩展会导致耕地资源的紧张。

可见，在发展和保护目标之间，底线是保护。但是，资源保护的优先性是从逻辑和道义出发获得的，除了道德上的天然优势以外，保护还需要有现实的基础,还要考虑物质、技术、资金、人力的保障,而这些恰恰来源于发展。也就是说,保护往往是建立在一定的发展基础上的,一味地进行保护,既不能解决发展中出现的各种负面问题,也不能为保护找到现实有效的途径。在提出保护目标的同时,要充分考虑其现实的经济、社会条件,努力探索其可能的实现方式。在城市化发展到一定阶段,必须走内涵挖潜道路。

(二)经济、社会、生态目标之间的关系:对立统一

经济、社会和生态三个纬度的发展错综复杂。为了更加清楚地说明其相互促进、相互冲突的复杂性,更大程度地解决冲突问题,这里将其割裂开来加以分析。生态目标的内容:农地城市流转以保护生态环境为约束条件,确保土地生态安全、维护土地资源健康发展。社会目标的内容:确保社会稳定,保障农民土地权益的同时,促进社会就业。经济目标的内容:从供给角度来设定的,也就是说,无论是征地阶段的土地供给方,农村集体与农民,还是作为出让阶段的土地供给方地方政府,农地城市流转过程都要为其带来经济收益,同时为本区域带来经济收益。另外,土地开发商通过参与出让获取土地使用权,进行土地开发,也将获得利润。如何认识和处理农地城市流转所要实现的三维度目标之间的关系是其理论和实践探索中的核心问题。

1. 生态目标与经济目标有相互促进的一面。首先,经济收入的增多,会直接或间接推动保护工作的进行。其次,环境的恢复与改善,将为经济发展提供更加具有吸引力的资源基础,从而促进经济目标得以实现。但是,环境目标与经济目标的关系更多地表现为相互制约性。首先,从纯粹的环境保护角度看,由于农地城市流转不可避免地会对其所处的环境造成一定的负面影响,因此要确保"深绿色"环境主义者所设定的环境目标,就从根本上杜绝了农地城市流转的存在。即使按照"浅绿色"环境主义者的观点,将对环境影响控制在最小范围内也会制约土地保护的发展空间。其次,城市化的推进最终是靠农地城市流转为城市发展提供土地资源,但是在现实中,受经济驱动影响而破坏环境的状况屡见不鲜,如填

湖建房等。而决定环境和经济目标实现的几个主要因素包括：承载力的确定、环境保护职能与经济创收职能的一体化（或分离）、负责环境保护的主体和经济收益目标主体之间的权力抗衡及成本、收益分配等。

2. 经济目标与社会目标，一定程度上是重叠和相互促进的。一方面，农地城市流转满足了城市发展的需求，促进了经济的发展，为居民提供良好居住环境；另一方面，农地产权人也得到了经济补偿，促进了农业人口向城市转移。而经济的发展，促进了社会的就业，充分的就业有利于社会的稳定，而社会的稳定也利于经济的发展。但是农地城市流转在促进经济发展的同时，由于违法征地或者征地处理不当，而引发了征地冲突不断，影响了社会的稳定。

3. 生态目标与社会目标相对统一。保持相对原始和完整的自然环境，环境质量越高，生态保护得越好，居住环境质量越高越有利于宜居城市的构建，居民从体验中所获得的满意度越高，所获得的环境知识越丰富，更加有利于环境的保护。

第二节　多主体的参与：农地城市流转的利益相关者

在明确了农地城市流转所需要实现的目标之后，我们需要了解哪些组织（或个人）参与并影响这些目标的实现，农地城市流转的范围、规模、方式、动机是什么，各个参与主体之间的关系怎样。

一、农地城市流转的利益相关者

在土地市场发育充分的国家，农地流转主要是通过市场机制来运作。其市场行为人主要有 4 类人：前土地所有者或者前发展者、中间人、最终消费者和市场协调者。我国合法的农地城市流转途径属于政府行为。许德林（2004）认为国务院和省级政府在农地城市流转过程中处于支配性地位，特别是省级政府是农地城市流转的主要推动者，是建设用地的主要供给者。张安录等(2000)把我国合法的农地城市流转决策者分为一级决策者和二级决策参与者与协调者。其中一级决策者包括农民集体、国家、土地开发商与用地单位及个人;二级决策参与者与协调者包括土地管理机构、规划机构、政治家、银行、律师及房地产经纪人。张宏斌等(2001)认为流转参与主体主要有中央政府、地方政府、村干部和农民;罗丹等(2004)认为农地非农化利益主体主要包括政府、农民集体经济组织、农民和土地使用者;杨文杰等(2005)认为农地非农化市场的行为主体至少包括政府、用地单位、农村集体及农民;李晓云(2005)等认为农地城市流转的参与者包括农地所有者、土地需求者、农地流转的决策者及部分中间服务组织。黄烈佳(2006)认为我国农地城市流转决策主体主要包括中央政府、地方政府、村干部、农民及用地单位。综合前人研究,根据农地流转过程及其利益主体,认为目前我国农地城市(住宅)流转决策主体主要包括中央政府、地方政府、农地所有者、农民、用地单位与住宅需求者。

二、利益相关者的追求与约束

(一)中央政府

中央政府是城镇建设用地的所有者,通过制定一定的政策来调整其他主体的行为,对农地城市流转具有最高决策权。作为全体人民利益的代表,其关注农地资源配置的社会、经济与生态效益,主要从战略的角度制定法规政策,促进城市经济发展的同时,确保国家粮食安全、社会稳定、生态环境得以保护及改善。耕地保护是关系我国经济和社会可持续发展的全局性战略问题,党中央、国务院历来十分重视耕地保护工作,自1986年以来先后制定了一系列重大方针、政策,形成并且实行世界上最严格的耕地保护制度。2016年初,国家领导人习近平对耕地保护与新型城镇化工作做重要指示时强调要像保护大熊猫一样保护耕地,要坚持以创新、协调、绿色、开放、共享的发展理念引领新型城镇化的推进,这为新时期耕地非农化管理提供了新的理念与原则。可见,中央政府一般是从全局的观点来看农地城市流转问题,在权衡多方利益的条件下,兼顾经济、社会和生态效益的共同提高。

(二)地方政府

地方政府是指在中央政府领导下的地方政府,主要包括省、市、县、镇、乡等五级政府。他们是城镇建设用地的经营者和管理者,对其所经营和管理的建设用地享有所有权和收益权,主要在中央政策的指导下对农地城市流转进行决策。理论上,政府是土地政策和法律的制定者、执行者,应该严格维护政策和法律的严肃性,但在实践中,地方政府无法约束自己行为,变成制度破坏者和政策的违反者(邓大才,2004),成为主要的土地违法者(张飞等,2009)。1999—2015年,全国土地出让收入总额约27.29万亿元,年均1.6万亿。现行土地收益分配机制极大地调动了地方政府发展经济的热情,为中国经济实现赶超提供了独特优势(蒋省三等,2007;张五常,2017)。但是严重的行政干预和政府、农民双方高度不对等博弈所引发的效率、公平问题日益突出,增加了现行土地制度的成本,并保持上升趋势。其一般是从地域的观点来看农地城市流转问题,比较注重本区域的经济发展,对流转的经济效益关注度较高,社会与生态效益还未得到高度重视。当然,具体实践中,其农地城市流转决策不仅受到中央政府政策的约束,而且还受到开发商、农地的所有者等其他参与主体的影响(黄烈佳,2006)。因此,在国家加大土地违法案件的查处力度后,地方政府的土地违法现象得到了一定程度的遏制。

(三)农地所有者

我国法律规定,农村集体是农村集体土地的所有者。但村干部作为村集体的领导者,很大程度上左右了村集体的农地城市流转决策。当然相对于地方政府而言,无论是农地所有者还是村干部,其在农地流转决策过程中处于从属地位。其对农地城市流转的决策往往与地方政府一致,由于利益的驱使其往往会与上级政府合作,甚至与土地需求者进行非法土地交易,将农地进行流转,无疑加大了农地城市流转的规模。

(四)农民

农民作为典型的政策响应者,在农地城市流转决策中,其决策地位是最低的。但农民作为私人利益和少数人的代表,关注的是自身效益的最大化。所以,在农地保护方面具有矛盾性。一方面希望自己的农地得到保护,长期拥有;另一方面,种地收益较低,大部分农民还是愿意将其释放。加上村集体、用地单位、地方政府容易形成利益共同体,中央政府调控失灵,被征地农民被动接受不合理的利益分配。当然如果农地被非法占用,农民可能上访而影响到地方政府的决策。

(五)用地单位

用地单位又称农地需求者,这里主要指经营性农地需求者,一般指土地开发商。开发商对土地的需求源于在土地上追加资本、信息、劳动、技术、管理等生产要素,产出产品,以获得土地的增值,或者是待价而沽进行土地投机。其作为"理性经济人"追求的目标是农地开发利润最大化的同时,使土地开发经营成本最小化。在农地城市流转过程中,开发商获取农地的费用主要是农地补偿费用,在农地补偿比较低的情况下,用地需求者就有扩大农地需求量的愿望,来获取最大的农地未来开发租金。在城市范围内,资本、材料、信息、劳动、技术、管理等生产要素主要随市场供求关系变动,受区位因素的影响较小。而土地位置的固定性和区位差异性决定了土地要素价格随自然区位与经济区位的变化而变化。随着离城市中心距离加大,成本下降的幅度要大于房地产价格下降的幅度,此情况下开发商会趋向于选择郊区的大片土地进行开发。当前,城市郊区的农地城市流转价格通常不是按市场供求关系来确定,农地的取得成本较低,而流转后的土地开发产品价格则是按照城市土地市场规律确定,加上郊区土地一般大面积集中连片,利于开发,开发商普遍热衷于选择城市边缘区的土地。同时,中、低收入家庭对郊区低房价购房需求的增加也刺激了开发商的农地流转热情,促进住宅郊区发展的同时,郊区出现农地过度非农化的现象。

（六）住宅需求者

一方面,低收入住宅需求者通过向政府申请保障性住房,另一方面中高收入在市场上购买商品房,其追求的是效用最大化。在其住房选择过程中,既要考虑到自身的收入水平问题,还会考虑住房所在区域的社会与环境效益(见表5-1)。综合考虑以上问题的条件下,做出拒买或者搬迁的决策。

表5-1　农地城市流转参与主体行为分析

Tab. 5-1　Participation Behavior Analysis of Rural-urban Land Conversion

参与主体	中央政府	地方政府	土地开发商	农地所有者	农地使用者	住宅需求者
目标	社会经济的可持续发展	区域经济发展	土地经济效益最大化	土地经济效益最大化	土地经济效益最大化	居住效用最大化
动机	提高国家综合力	提升地区竞争力	利润最大化	效用最大化	效用最大化	效用最大化
行为	制定政策、法规	执行政策、管理与协调	市场经济行为	政策响应	政策响应、上访	搬迁、拒买
效益	经济、社会、生态效益	经济、社会效益	经济效益	经济、社会效益	社会、经济效益	经济、社会与生态效益

三、利益相关者的冲突与协调

为实现农地城市流转的多重目标,社会理性决策者需要在不同主体之间建立新的关系。而如上所述,不同的利益相关者所追求的目标则各不相同:中央政府希望协调好粮食安全与城市化发展之间的关系,促进社会经济的可持续发展;地方政府希望提升地区竞争力,促进区域经济发展;土地开发商希望获取利润最大化;农地产权人希望自己的效用最大化;当地居民希望改善自己居住环境;可见,追求不同目标的利益相关者之间关系错综复杂,他们之间既有目标的一致性,更有利益之间的冲突性。其中,如何处理好地方政府、开发商与农民集体、中央政府与地方政府、政府与住宅需求者之间的关系极为关键。

（一）中央政府与地方政府：委托代理关系

在农地城市流转过程中，中央政府与地方政府属于委托代理关系。中央政府和地方政府在农地城市流转方面各具资源优势，也各有利益诉求。相对来说，中央政府具有宏观政策制订、制度和法律完善，以及监督等方面的优势，而地方政府对本区域的用地需求、供给情况更为了解。地方政府要获得区域经济发展和政绩，而中央政府希望在经济发展的同时，维护粮食安全，维持社会和谐。可见两者之间有不一致的地方，而地方政府会为了经济的发展，过量甚至违法进行农地城市流转。而当地方政府违法违规成为一种普遍现象时，也意味着原有的制度失效，成为一种"摆设"。因此，在这种情况下，中央政府不得不对原有的农地非农化制度进行变革，以期规范农地非农化秩序。如何给予地方政府更多的自主权，激励其政策执行不偏离中央政府的目标是农地城市流转中所面临的一个核心问题。

（二）地方政府与农民集体：共生还是排斥

在农地城市流转的第一阶段，为了公共利益，地方政府通过征地的方式将农民集体所有的土地转变为国有土地，这种行为具有强制性的。一般情况下，农民集体的农地城市流转决策行为在地方政府做出决定之后才能开展，在利益没有受到较大损失的情况下，基本上与地方政府的观点一致，即地方政府与农民集体的关系为共生。

（三）地方政府与土地开发商：互利还是利己

我国城乡生态经济交错区大多地势低平、土地面积广阔，土地取得成本低廉，是农地城市流转的集中区域，已成为开发商与土地投机者猎取农地的主要对象，也是目前我国城市向外扩张的重点区域。因此，为了实现各自的目标，地方政府与开发商具有互利的关系。

（四）农民集体与农民：尊重还是侵蚀

在地方政府进行征收的情况下，农民在集体的决策下进行决策，决定是否对农地进行流转。一般而言，农民集体会为农民争取最大的利益补偿,但是农民集体的代表也有自身的利益诉求。因此,还是会存在侵蚀农民利益的现象。

(五)地方政府、开发商与住宅需求者:互补还是替代

中华人民共和国国民经济和社会发展第十三个五年(2016—2020年)规划纲要提出,健全住房供应体系。构建以政府为主提供基本保障、以市场为主满足多层次需求的住房供应体系,优化住房供需结构,稳步提高居民住房水平,更好地保障住有所居。完善租购并举的住房制度,促进房地产市场健康发展。住建部就《住房租赁和销售管理条例(征求意见稿)》向社会公开征求意见。对"房屋租赁"各方进行了详细的权责界定,尤其对于租客利益提出很多保护措施。从中可以看出,政府有意通过完善租赁市场规则、构建"租售并举"市场,打造多层级的住房供应体系,实现"高端有限制、中端有市场、低端有保障",促进房地产行业长期健康发展。政府已经认识到,从租赁破题,通过完善租赁市场来平抑和引导房价回归理性,是稳定房价预期的一条有效途径。可见,一方面,低收入住宅需求者可以向政府申请获取国家的政策性住房,另一方面,中高收入家庭通过市场购买商品住房。因此,地方政府与住宅需求者、开发商与住宅需求者之间存在互补的关系,共同构成住房供应体系。

四、主要利益相关者的相互关系

农地城市流转涉及的主要利益主体有中央政府、地方政府、农村集体、农民、房地产开发商和住宅需求者,他们通过相互之间的作用构成利益主体体系。

(一)中央政府是城镇建设用地的所有者,通过制定一定的政策来调整其他利益主体的行为,对农地城市流转具有最高决策权。他们以制定相关政策及法规对农地进行流转与保护,并对地方政府的农地城市流转行为进行监管。其收益主要体现在农地适度向城市流转及对农地进行保护中得到相应的经济、社会和生态效益。

(二)地方政府在遵守政策法规的条件下,为本区域的土地利用进行

总体规划,为土地开发商提供必要的用地与基础设施建设,为居民提供一定的住房。保障农地所有者与使用者在农地城市流转过程中的利益补偿。地方政府的收益主要体现在土地收益、政治和社会效益。

(三)土地开发商通过对土地进行开发,为区域经济发展和产业结构调整做贡献,为地方政府取得政治、经济和社会效应,并为当地居民提供良好的居住环境,满足消费者的需求。土地开发商的收益是获得必要的投资回报。

(四)农地所有者是农地的所有者,在农地城市流转过程中,其村干部对其具有较高的决策权,一般根据地方政府的决策进行是否流转的决策,是地方政府流转政策的执行者。

(五)农地使用者,农民,作为政策的响应者,一般除了对补偿极其不满会进行上访外,基本支持地方政府的决策,其收益为土地补偿与安置补助费。

(六)住宅需求者对住宅的选择与购买,对当地的社会、经济和文化产生影响。他们的住宅选择与政府的服务管理水平及调控能力、开发商的住宅质量及居住环境密切相关。其收益是取得满意的居住环境。各利益主体之间的相互作用和预期收益见表5-2。

表5-2 农地城市流转利益主体之间的相互作用和预期收益

Tab.5-2 **Stakeholders Interaction and Prospective Return**
Rural-urban Land Conversion

利益主体	服务对象	主要服务内容	预期收益
中央政府	社会经济	制定政策、法规	经济、社会及生态效益
地方政府	地方发展	执行政策、管理与协调	土地收益、政治和社会效益
土地开发商	市场	市场经济行为	投资回报率
农地所有者	集体	政策响应	补偿及职位
农地使用者	个体	政策响应、上访	补偿与安置
住宅需求者	个体	搬迁、拒买	满意的居住环境

第三节 多目标多主体的共生：农地城市 流转共生系统的基础

一、多目标的共生

从"共生"的视角来看，农地城市流转的本质就是在承认参与主体平等、权力和责任独立性的基础上，通过科学的制度安排确保多目标多主体的共生。"共生"之"生"，不是指"发生、出现"，而是指"生存、生长、发展"；"共生"之"共"，不是指"趋同、相同、齐一"，而是指"共处、共存"。多目标的共生作为可持续发展的一种实现形式，为农地城市流转共生提供了理论基础，要实现保护与发展的共生，实现环境、经济、社会文化等不同方面的可持续性，确保不同主体的利益目标得以同时实现。以环境、经济、社会几个纬度方面的目标为例，要确保多重目标的共生，需要从农地城市流转的社会、经济及生态效益等方面着手，使得上述目标在很大程度上得以共同实现。

二、多主体的共生

从本质上讲，农地城市流转的过程实际上就是通过构建、调整、优化共生单元的共生条件、共生界面、组织模式和行为模式来建立一个和谐、互惠、稳定的、一体化的共生系统的过程。共生单元之间的共生条件、共生界面、组织模式和行为模式的构建、调整和优化，是一个非常复杂的社会过程，实际上也是一个多方合作博弈的过程。这里，就中央政府、地方政府、农民集体及开发商等几个主要利益相关者，参与农地城市流转目标实现的假设条件及共同参与时的博弈关系说明多个主体共生时的状况。

(一)单个利益相关者的假设

1.中央政府。作为全体人民利益的代表,中央政府在农地非农化中不仅考虑农地非农化的经济效用,还考虑农地非农化的社会效用与生态效用。其主要目标是增加中央政府的财政收入,促进经济增长并防止经济出现剧烈波动,维护社会稳定,确保环境安全。

2. 地方政府。对于地方政府而言,农地城市流转可以促进当地经济的发展。其主要考虑地方局部利益,以经济、政治净收益最大化对待农地非农化。具体需要在政策的约束与中央政府的监督下进行农地城市流转决策,一般要求确保在本地区农地尤其是耕地的数量、质量、生态三位一体的情况下,对农地的数量、时间、区位等进行流转。在产能过剩的情况下,应从供给侧的角度对土地市场进行完善,促进土地制度的改革。

3. 农民集体。对于农民集体本身而言,要确保自身追求与农地城市流转目标一致性,关键是要通过合理的参与决策机制实现其对经济、社会和政治上的赋权,这样才能使其对农地资源与生态资源产生自觉的保护行动,从而维护农地城市流转可持续性的资源基础,并确保农地城市流转多重目标的实现。显然,农民集体参与的主要动机是获得经济、社会和政治等方面的赋权,而其追求自身利益的行动客观上也促成了农地城市流转整体目标的实现。

4. 土地开发商。对于开发商而言,要求其在追求利润的同时,担负保护资源的社会责任。政府需要通过税费优惠等政策对其进行经济激励,尽量利用非农地、存量用地进行住宅开发及其再开发利用,达到土地资源的节约集约利用,确保环境的宜居性,从而获取良好的经济收益和社会形象,促使企业真正自觉地保护自然环境和农地资源。通过这样的激励与约束机制,开发商在追求自身利益的同时,也促进了农地城市流转目标的实现。

（二）多个利益相关者的博弈

博弈论是研究决策主体行为发生直接相互作用的决策及决策的均衡问题。在 N 个人参与博弈的情况下,给定其他人战略,每个人选择自己的最优战略,所有参与者选择的战略构成一个战略组合。主要包括:中央政府与地方政府的委托代理关系;地方政府、农民集体与农民的非合作博弈;地方政府与开发商的合作博弈;农民集体与开发商的合作博弈;地方政府、开发商与住宅需求者的竞争博弈。

1. 中央政府与地方政府之间的博弈。首先,中央政府和地方政府是一种领导与被领导的关系,中央政府是政策制定方,地方政府是政策执行方,代表中央政府对本地区的经济进行调控。中央政府作为土地利用政策的制定者,对耕地和生态保护的重视会制约地方政府的经济发展目标,地方政府的经济发展目标也会影响中央的管控政策。其次,中央政府和地方政府是经济利益关系。地方政府是地区利益的代表,肩负着资源配置、经济发展、社会进步、人民生活水平提高的责任,这需要强大的财政支撑,而财政取决于税收。为扩大财政来源,地方政府往往采取相关办法规避中央管制,所谓"上有政策、下有对策"体现了这一博弈关系。

2. 地方政府与开发商之间的博弈,其博弈主要存在于土地市场的寻租活动,在获利较小或者受阻的情况下,可能会发生开发商直接与农村集体进行非法流转活动。

3. 地方政府与集体、农民之间的博弈主要于征收阶段的土地利益分配。

三、各利益主体在农地城市流转中扮演的角色

在农地城市流转过程中,不同的利益相关者所追求的目标不同,所担负的责任和义务各异,其具体角色分析如下。

(一)中央政府——农地城市流转的调控者

农地城市流转需要一个超越自身利益的总体利益和目标的代言人,来控制、引导、协调、规范其他利益相关者的目标和行为,从而确保农地城市流转的目标能够得以公正、彻底地实现。能够担负这个责任的只有政府,尤其是中央政府。价值观的协调与冲突、权力的制衡、利益的分配、参与和决策机制的建立、目标的设定和标准的确定等都需要政府拥有有力的工具来影响农地城市流转的发展与调控:立法、规范、协调政策和项目与基础设施、提供激励、规划等。因此,作为社会理性人的代表,中央政府在农

地城市流转发展中的作用主要表现在有效运行的制度框架,包括法律法规、政策、城乡总体规划、土地利用总体规划、部门设置等方面。中央政府的直接和间接作用体现在不同的方面,从安全、政治和行政管理到基础设施、财政政策和财务激励等几个方面都会影响到农地城市流转的发展。

(二)地方政府——农地城市流转的直接决策者与管理者

相对于中央政府,地方政府对于农地城市流转发展的作用更为直接,可以通过土地规划、地方财政政策、产业结构调整等促进农地城市流转的发展。除了执行中央政府的有关政策和规章制度以外,地方政府还需要协调产业发展,将农地城市流转发展规划纳入当地整体经济发展规划与资源保护当中,制定当地农地城市流转发展的法律法规、发展规划、土地利用年度计划,建立参与、合作和分配机制。

(三)开发商——农地城市流转的经营者,也是农地城市流转的土地需求者

由于房价的不断高位上扬,开发商往往被看成是仅仅关心其本身利润、不关注社会责任的不良商人。果真如此,那就说明他们在任何时候对农地城市流转的调控,促进土地资源可持续利用具有重要的作用。

(四)农村集体——农地城市流转的参与者和受益者

我国法律规定,农村集体是农村集体土地的所有者。但村干部作为村集体的领导者,很大程度上左右了村集体的农地城市流转决策。当然相对于地方政府而言,其在农地流转决策过程中处于从属地位。但是由于利益的驱使其往往会与上级政府合作、甚至与土地需求者进行非法土地交易,将农地释放。

(五)农民——农民作为典型的政策响应者

在农地城市流转决策中,其决策地位是最低的。在农地城市流转中,农民获得的是安置补助费、青苗补偿费及地上建筑物的补偿费,但农民作为私人利益和少数人的代表,关注的是自身效益的最大化。随着城市化进程的加快,城乡差距的扩大,其在农地保护方面具有矛盾性。一方面希

望自己的农地得到保护,长期拥有;另一方面,种地收益低,大部分农民还是愿意将其释放。当然如果农地被非法占用,农民也可能上访而影响到地方政府的决策。

(六)居民(住宅需求者)

在农地城市流转决策中,一方面,中低收入家庭通过向政府申请政策性住房,或者是拆迁安置房;另一方面通过市场购买房地产开发商的商品房。

(七)其他相关主体

如学术界及相关机构,农地城市流转的研究指导者。他们对农地城市流转既有间接作用也有直接作用。一方面,理论倡导和学术成果会影响到政府的政策选择,也会影响到社会公众的价值观和行为方式;另一方面,自然科学对技术进步的推动和社会科学对社会制度的改进都会深刻地影响到农地流转的运行和管理。

综上,从目标上看,社会理性决策者进行农地城市流转就是要协调好发展与保护两者之间的关系以实现农地城市流转的可持续发展,也就是说要确保其他主体的合法权益,促进流转的经济效益、社会效益、环境效益的均衡发展及社会文化的可接受性。从主体上看,不仅开发商、农民集体、政府参与其中,各种非政府组织、学术机构、媒体也在某种程度上影响着农地城市流转的发展。各利益相关者自身在参与农地城市流转过程中存在两难选择,同时各利益相关者之间也存在着相互冲突和协调的地方。带有多重利益追求的多个主体的参与使得农地城市流转成为一个充满矛盾、冲突,需要妥协、协作才能实现的过程。而农地城市流转要实现多重性的目标,要获得一个协调的共生系统,需要对共生单元之间的共生条件、共生界面、组织模式和行为模式进行调整,需要通过各利益相关者之间的利益让渡、讨价还价、相互妥协、共同协作建立一个新的利益获取和分配机制及新的制度安排。在此过程中,要求不同的利益相关者扮演不同的角色—调控者、协助者、参与和受益者、实践者、研究指导者、宣传监督者等。

第六章

农地城市流转多目标多主体的共生系统架构

按照社会学的观点,共生是由共生单元(U)、共生模式(M)和共生环境(E)三要素相互作用构成的系统(袁纯清,1998)。相应地农地城市流转多目标多主体的共生系统是由农地城市流转共生单元(U)、共生模式(M)和共生环境(E)所组成的一种共生系统。本章基于上一章多目标多主体共生分析的基础上,对农地城市流转多目标多主体的共生系统进行探讨,其系统的构建有助于厘清各参与主体之间的关系,有助于农地城市流转各目标的均衡协调发展。

第一节　农地城市流转多目标多主体的共生系统概述

一、农地城市流转的一般过程

由于农地的多功能性、稀缺性、外部性等特点,在城市化发展进程中农地城市流转一直是国内外学者关注的热点。本研究的农地城市流转主要是指农村土地向城市住宅流转,具体是指在城市郊区住宅快速发展阶段,农地不断转化为城市(住宅)用地的过程,它包含"城中村"商品住宅开发的过程。我国土地流转体制的重要特征是:国家垄断土地一级市场、任何单位建设用地必须依法申请国有土地、经营性土地有偿使用、国家可依法征收农民集体土地并给被征地者适当补偿(毛振强等,2008)。具体过程为:国家先把农民集体所有的农地征为国有土地,然后出让或划拨给开发商进行开发,开发完成后,再出租或卖给用地单位使用(陈莹和张安录,2006),前一阶段是土地征收(土地所有权和土地使用权同步转移)阶段,后一阶段是土地/住宅供应(土地使用权流转与土地利用方式转变)阶段。在两者之间有一个土地储备阶段,由土地储备中心对征收的土地进行"七通一平",然后再进入土地供应阶段(见图6-1)。

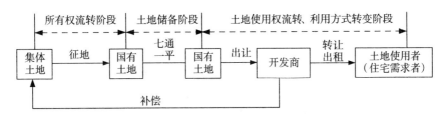

图6-1　农地城市流转的一般过程

Fig.6-1　The General Process of Rural to Urban Residential Land Conversion

农地城市流转的第一阶段是一种强制性的土地所有权转移,但土地利用方式仍未彻底改变。第三阶段是从国家到用地单位和个人是一种市场行为,这一阶段实现了土地使用权和土地利用方式的转移。从国家到土地开发商这个阶段,土地可能有一个闲置期,通过土地储备机构对征收的土地进行"七通一平",即土地储备阶段,然后才能进入市场。1999年国家出台的《土地闲置处理办法》缩短这一闲置期。同时,我国法律规定农民集体所有土地不能非法入市。但在现实中存在农民集体土地入市、土地投机商与交错区农村集体组织私下签订协议、由农村集体经济组织出面申请农地变更、办理建设工程许可证等现象(张安录,2000)。过去的实践经验表明,农地城市流转在促进城市发展、提高农村经济效益方面起到了一定的作用,而城乡经济的发展也对农地城市流转衍生出更多的需求。因此,无论是现有的政策,还是参与主体的利益追求,都有增加农地城市流转规模的冲动。

二、农地城市流转多目标多主体共生系统及其组成要素

共生理论在人文社会科学中的应用为本研究打开了思路,将利益主

体看成是不同的共生单元,通过相互之间物质、信息和能量传导的媒介、通道或载体,建立某种共生关系,从而实现整体共生发展的目的。共生是由共生单元、共生模式和共生环境三要素相互作用构成的系统。其中,共生模式是共生的关键,共生单元是共生的基础、共生环境是共生重要的外部条件(袁纯清,2008)。相应地,农地城市流转共生系统是由共生单元、共生模式和共生环境所组成的一种共生系统(见图6-2)。

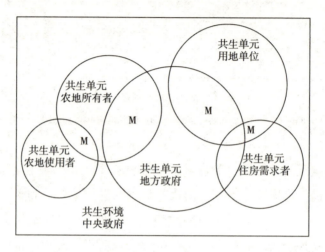

图6-2　法律范围内农地城市流转多目标多主体的共生系统

Fig. 6-2　The Multi-objective and Multi-agent Symbiosis System of RULC

(一)共生单元

　　共生单元是指构成共生体或共生关系的基本能量生产和交换单位,是形成共生体的基本物质条件。不同的共生系统中,共生单元的性质和特征是不同的,在不同层次的共生分析中共生单元的性质和特征也是不同的。由多主体共生分析可知,农地城市流转共生单元包括中央政府、地方政府、农地所有者与使用者、土地开发商及住宅需求者等。显然,他们属于"异质多维共生系统"。描述共生单元有两个参量:一个是象参量,它是反映共生单元外部特征的因素;另一个是质参量,它是决定共生单元内在性质及其变化的因素。象参量和质参量的相互作用是共生系统发生变化的基本动力之一,质参量的变化往往是引起共生单元突变的因素。对任何共生关系中的共生单元而言,其质参量往往不是唯一的,多数情况下是一组质参量。一般在特定时空条件下往往有一个质参量起主导作用,称之为主质参量。主质参量在共生关系的形成中具有关键作用。如生产工人、技术人员、营销人员和管理人员组成的企业也可视为一共生体系,这四要素都是共生单元,专业能力和敬业精神可视为他们共同的质参量。因而,在此主要探讨主质参量,对象参量不做描述。

根据共生系统产生的必要条件,即共生单元之间至少具有一组质参量兼容(即质参量之间可以相互表达)。如有两个共生单元 A 和 B,单元 A 的质参量 Z_{ai} 和单元 B 的质参量 Z_{bj} 可以相互表达,即存在 $Z_{ai} = \varphi(Z_{bj})$ 或 $Z_{bj} = \varphi(Z_{ai})$。

通过前面对农地城市流转共生单元之间的相互联系和作用及本质特性分析,筛选出他们两两之间的一组可兼容质参量,即主质参量(见表 6 - 1)。

表 6 - 1 农地城市流转共生单元的主质参量

Tab. 6 - 1 The Main Parameters of Symbiotic Units Rural - urban Land Conversion

参与主体	地方政府	开发商	农民集体	农民	住宅需求者
中央政府	流转政策	流转政策	土地所有权	承包权	居住权
地方政府	流转决策	出让方式及价格	征补权益	补偿及安置	住有所居
开发商	出让方式及价格	土地及地价			住房及其权益
农民集体	征补权益		土地所有权	权益分配	
农民	承包权及权益		权益分配	承包权及权益	
住宅需求者	居住及其权益	住房及其权益			居住及其权益

(二)共生环境

共生环境是指共生关系存在发展的外在条件,共生单元以外的所有因素的总和构成共生环境。环境与共生体之间的作用是相互的,环境对共生体的影响是通过物质、信息和能量交流来实现的。正向的共生环境,对共生体起激励和积极作用。共生关系存在的环境往往是多重的,不同种类的环境对共生关系的影响也是不同的。按影响的方式不同,可分为直接环境和间接环境;按照影响的程度不同,可分为主要环境和次要环境。共生环境的影响往往是通过一些环境变量的作用来实现的。相对于共生单元与共生模式,共生环境是外生的,往往也是难以抗拒的。农地城市流转共生体的共生环境,包括共生系统的内环境与外环境,即图 6 - 2中除了共生单元以外的区域。内环境如系统内农地的规模、区位、各个共生单元之间的互动及非正式制度的约束等,外环境如法律法规本身的合理性以及违法违规的成本等。

(三)共生模式

共生模式又称共生关系,是指共生单元之间相互作用或结合的形式,它既反映共生单元之间作用的方式、强度,也反映它们之间的物质、能量互换关系和信息交流关系,共生关系多种多样,共生程度也千差万别。从行为方式上说,存在寄生关系、偏利共生关系和互惠共生关系;从组织程度上说有点共生、间歇共生、连续共生和一体化共生等多种情形。同时,共生关系不是固定不变的,它随共生单元性质的变化及共生环境的变化而变化。农地城市流转的共生关系即为图 6 - 2 中共生单元相互交叉重叠的部分。

在土地市场发育充分的区域,多主体之间的共生模式主要通过竞争机制达到系统的平衡。但是在我国特殊的土地制度下,作为农村集体土地的实际掌控者,地方政府对农地享有绝对的控制权。因种种原因盲目征收土地,使农地征收成为我国农地非农化的主要途径,农地非农化是城镇化发展的前提和必然结果(张良悦,2008)。但是盲目获取土地的方式,虽满足了城市外延式扩张建设用地的需求,却严重侵害了农民的土地权益,地方政府成为最大的"牟利者"之一(范怀超与白俊,2016)。因此他们属于偏利共生关系。近年来,因地方政府违法违规征地而引发的暴力冲突事件屡见不鲜,如广东乌坎事件、云南晋宁事件、甘肃陇西事件等,已造成严重的人员伤亡、财产损失和较大的社会不良影响(谭术魁,

2009)。对于农地城市流转中不和谐的现象,本研究认为各主体主要通过博弈实现共生,其共生模式主要包括以下几个方面(见图6－3)。

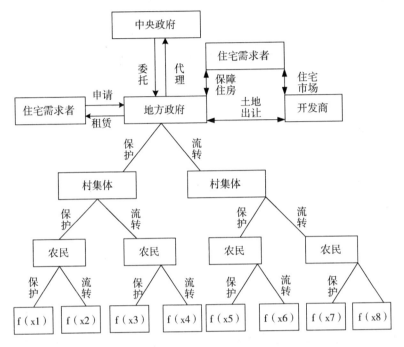

图6－3　多目标多主体农地城市流转决策博弈共生过程

Fig. 6－3　The Game Symbiosis Course of Multi-objective and Multi-agent in Decision-making of Rural to Urban Land Conversion

在农地城市流转多目标多主体决策博弈过程中,普遍存在以下几种共生关系。当然实际操作过程中,中央政府有可能跟其他的各个主体产生互动。而农民作为独立分散的个体,处于弱势地位。

模式1:在农地城市流转过程中,中央政府与地方政府的委托代理博弈共生;

模式2:在土地征收过程中,地方政府、村集体及农民三者之间的博弈共生模式;当然如果发生农地城市流转不满或者纠纷,农民可能会通过上访以期问题的解决时,中央政府也会介入,促进该模式向新的均衡过度;

模式3：在土地出让阶段，地方政府与开发商之间的博弈共生模式；

模式4：在住房市场上，开发商与住房需求者的博弈共生关系。在房价持续高位上扬的情况下，政府会对住房市场进行调控。一方面加大住房保障的供应，出现了地方政府与保障住房需求者之间的共生模式；另一方面出台各种政策措施调控房地产市场。

在这几种共生关系中，中央政府一般通过法律、制度规范其他参与主体的行为，但是当各参与主体的行为偏离了轨道，会增加监管等措施对各行为主体加以处罚促使制度的改革创新。

在农地城市流转的整个过程，作为农地城市流转的直接决策者，地方政府依据中央政府制定的法规政策，一方面需要根据地区经济发展、产业布局、住宅需求等进行土地利用总体规划；另一方面在接收土地开发商用地申请的同时，向农地所有者征地，其后通过"招拍挂"方式将土地出让给开发商，开发商再根据规划对土地进行开发，他们之间的共生模式属于合作共赢模式；面对征地的强制性，农地所有者在得到合法补偿与安置后，一般只有服从。因此，他们的共生模式具有强制合作性；而地方政府主要通过住宅规划，一方面建设保障性住房提供给低收入住宅需求者；另一方面采用土地出让的方式，通过开发商开发商品房满足住宅需求者的居住需求，前者属于行政供给模式，后者为市场模式。综上，在法律范围内，农地城市流转共生单元的共生模式有非合作与合作竞争模式，共生单元通过这些模式实现共生。而要让该系统达到均衡，地方政府起到关键的作用，其直接与各个参与主体产生共生关系。要构建多目标多主体农地城市流转决策共生系统，规范地方政府的流转行为是关键。下面论述各个阶段多主体之间的博弈关系，以期实现系统的共生。

第二节　农地城市流转多目标多主体共生
系统的共生模式

一、土地征收阶段的博弈共生:地方政府、村集体与农民三方的非合作博弈

一直以来,征地制度都是学者们争相探讨的热点。一方面,征地制度为我国工业化、城市化发展做出了巨大贡献;另一方面,城市化、工业化的发展又反过来导致农地的过度非农化、土地的低效利用等问题。更为严重的是,在这一进程中产生一个边缘化新群体——失地农民。据调查,目前我国失地农民约6000万人,且以每年300万人的速度增加,到2020年前后我国失地农民将突破1亿人,人地关系异常紧张(潘嘉玮,2009)。同时,在目前的制度安排之下,土地征收中失地农民权益得不到很好的保障,其中,征地补偿制度缺陷是导致失地农民权益受损的关键(陈晓军等,2003)。现阶段我国土地征收补偿、安置标准过低而且方式单一,支付方式呆板,导致失地农民对政府的征收补偿普遍不满(鲍海君与吴次芳,2002;杨文静,2006)。征地补偿标准太低,补偿安置标准有失公平、失地农民又缺乏更多的收入来源,导致失地农民的可持续生计权益得不到保障,生活水平大幅下降(周诚,2004;国务院发展研究中心课题组,2009;金晶与许恒周,2010)。尽管国家多次强调各级地方政府要严格规范征地程序,保障被征地人权益,协调好国家、集体和个人的利益平衡。但在实践中,仍存在征地程序不合法、农户权益受损等问题,由此引发信访、诉讼事件频发(徐金广与石凤友,2017)。史清华等(2011)对上海闵行区5镇7村2281户农民的调查显示失地农民问题的产生根源是在现行征地程序安排下,农民不能完全参与征地利益分配过程、充分表达意见,获取土地权益人应有的回报。在前人研究的基础上,本章从博弈的角度,对征地阶段的主要参与主体地方政府、村集体与农民进行分析:地方政府、村集体与农民三者之间并不存在一个"具有约束力的协定"。因此,它是一个非合作博弈。村集体与农民的农地城市流转决策博弈行为要在地方政府做出决定之后才能开展,同时还是一个动态博弈。目前,国家的相关政策还不能深入而透彻地传达给农民,而农民的土地利用状况也不能及时地得以反馈,因此,尽管农地城市流转具有一定的强制性,但是三方中的任一方对于其他两方的行为意图尚不能完全清楚,所以是一个不完全信息的博弈过程。可见,农地城市流转博弈为非合作不完全信息动态博弈,要达到的均衡是精炼贝叶斯纳什均衡(黄烈佳,2006)。

(一)基本假设

为了便于研究,我们在此做出以下假设:

1. 假定地方政府只有一级,村集体与农民都是独立的个体,从而本模型只有三个参与人:地方政府、村集体与农民。农地城市流转的各参与人是理性的个体,在决策过程中追求自身效益最大化;

2. 各参与人是非合作的;

3. 土地用途只做住宅用地与农用地的区分;

4. 假设农民在决定其土地流转行为时,不受到除了政策以外其他因素的制约,自我选择权能得以最大限度地发挥;

5. 国家对城市边缘的农地城市流转的态度是中性的,即要求不影响粮食安全的情况下,正常推进城市化的发展。

(二)博弈过程

在目前的制度供给下,地方政府一方面为争取更多的权益与中央政府进行博弈,另一方面需要根据土地需求者的用地申请,选择保护或发展农地,然后由村集体、农民依次选择是否保护农地(见图6-4)

设 $f(x_i)$ 为总支付函数,其中 $i = 1,2,\cdots,8$;$f(0)$ 与 $f(1)$ 分别表示农地保护与流转时的支付函数;保护农地,表示选择比假设的正常住宅用地占用要少占用农地;流转农地,表示选择比假设正常的住宅建设占用要多占用农地;d、j、n 分别代表地方政府、村集体和农民。三者相互作用的结果见表6－2。

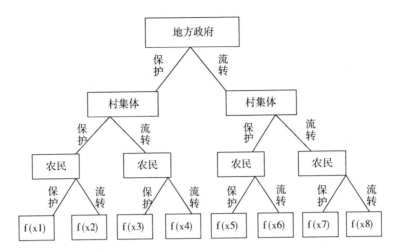

图6－4　地方政府、村集体及农民农地城市流转决策博弈过程

Fig. 6 - 4　the Game Course of Local Government，Rural Collective and Farmers

in Decision-making of Rural to Urban Land Conversion

表6－2　地方政府、村集体与农民农地城市流转决策博弈关系

Tab. 6 - 2　Game Relation among Local Government ，Rural Collective and Farmers

in the Decision-making of RULC

	村集体保护		村集体流转	
	农民保护	农民流转	农民保护	农民流转
地方政府保护	结果 1	结果 2	结果 3	结果 4
	$f(x_1) = f_d(0)$	$f(x_2) = f_d(0)$	$f(x_3) = f_d(0)$	$f(x_4) = f_d(0)$
	$f_j(0), f_n(0)$	$f_j(0), f_n(1)$	$f_j(1), f_n(0)$	$f_j(1), f_n(1)$
地方政府流转	结果 5	结果 6	结果 7	结果 8
	$f(x_5) = f_d(1)$	$f(x_6) = f_d(1)$	$f(x_7) = f_d(1)$	$f(x_8) = f_d(1)$
	$f_j(0), f_n(0)$	$f_j(0), f_n(1)$	$f_j(1), f_n(0)$	$f_j(1), f_n(1)$

根据上表6－2所列博弈均衡结果,对非精炼贝叶斯纳什均衡进行剔除。结果1与2:表示当村集体跟随地方政府选择保护农地时,农民无论

做何种选择,不会造成农地流转数量的急剧增加,结果会导致城乡边缘地带土地市场的萎缩,不利于经济的正常发展。另一方面,单个农民作为弱势群体,如果其违反法律规定,村集体与地方政府查处比较容易。因此,这种结果不可取,也不是城市化正常推进的正确选择。结果8:在所有主体都选择大于正常建设用地需求的农地流转量时,有可能造成城市无序盲目扩张,农地城市流转过度,影响我国的粮食安全。可见,只有结果3、4、5、6、7可能出现精炼贝叶斯均衡。

1. 地方政府选择保护农地,则其可以获得的收益主要包括农地保护带来的地方农业产值的增加收益(N_{11}),以及政治安全和荣誉收益(N_{12})[①]。为此付出的成本主要包括要承受非农产业受阻所带来的地方经济发展和财政收入损失(C_{11})和土地征收、出让过程中的收益损失(R_{11}),同时,地方政府为了满足城市化的发展,还得整理现有建设用地,设该支出为M_{11}。所以,地方政府能获得的总收益f_d为:

$$f_d = N_{11} + N_{12} - C_{11} - M_{11} - R_{11} \qquad (6-1)$$

在地方政府选择保护农地的情况下,村集体选择流转农地,则与地方政府会产生冲突。这时村集体一般只能通过非法途径才能使更多农地向城市流转。假设这部分非法转移的农用地可以给村集体(尤其是村干部)带来的收益为Q_{21},为此,村集体尤其是村干部要承担违反地方政府政策所带来的惩罚损失(W_{21})。因此,村集体能获得的总收益f_j为:

$$f_j = Q_{21} - W_{21} \qquad (6-2)$$

当然,地方政府也要为此付出额外的监管费用V_{11},但地方政府同样也可以通过税收等形式分享非法转移农地所产生的部分收益(N_{13})。

此时地方政府的总收益f_d变为:

$$f_d = N_{11} + N_{12} + N_{13} - C_{11} - M_{11} - V_{11} - R_{11} \qquad (6-1^1)$$

而此时,农民有两种选择:当其选择保护时,可以获得农地保护带来

---

① 陈勇. 区域土地利用变化机制与调控研究——以湖北省大冶市为例[D]. 武汉:华中农业大学图书馆,2003.

的农地经营收益 N_{31},同时,农民要承担与村集体尤其是村干部发生冲突的损失(W_{31}),农地流转补偿 R_{31},以及流转后带来的交通方便等收益(N_{32})。所以农民的总收益 f_n 为:

$$f_n = N_{31} - R_{31} - N_{32} - W_{31} \qquad (6-3)$$

如果选择流转农地,农民可以获得由此带来的农地补偿(R_{31})、社区经济发展所带来的交通方便等收益(N_{32}),但农民会减少一部分农地经营损失及其农地带来的社会保障(N_{31})。所以,此时农民的总收益 f_n 为:

$$f_n = R_{31} + N_{32} - N_{31} \qquad (6-4)$$

2. 当地方政府选择发展,则地方政府要承担与中央政府农地保护政策产生冲突而带来的惩罚损失(W_{11})、地方农业经营损失(A_{11}),但地方政府可获得地方经济发展所带来的荣誉收益和财政收入收益(N_{14})、农地征收、出让过程中的收益(N_{15})。所以,此时地方政府的总收益 f_d 为:

$$f_d = N_{14} + N_{15} - W_{11} - A_{11} \qquad (6-5)$$

此时,村集体(村干部)有两种选择:当选择保护农地,村干部要承担与地方政府发生冲突的损失(W_{22}),但由于我国的特殊国情,村干部的选择最多也只能使地方政府在征收农地的过程中征地费用增加,从而使自己争取更多的征地收益为(N_{22}),所以,此时村集体(村干部)的总收益 f_j 为:

$$f_j = N_{22} - W_{22} \qquad (6-6)$$

但地方政府在农地流转过程中的收益将减少 O_{11},则地方政府的总收益 f_d 为:

$$f_d = N_{14} + N_{15} - O_{11} - W_{11} - A_{11} \qquad (6-5^1)$$

在地方政府流转农地的情况下,农民的农地经营收入会减少 A_{32}。但农民可以获得农地流转的补偿收益(N_{34})、农地流转后带来的交通便利等收益(N_{35})。由于村集体(村干部)选择保护农地,地方政府在农地征收过程中减少的收益 O_{11} 将会转移给农民。而且此时无论农民做何种选择,其总收益 f_n 都为:

$$f_n = N_{34} + N_{35} + O_{11} - A_{32} \qquad (6-7)$$

当村集体(村干部)选择流转农地时,可以获得执行地方政府的政策而获得的最大征地收益为 N_{22} ,则村集体的总收益 f_j 为:

$$f_j = N_{22} \qquad\qquad (6-8)$$

一般情况下,农民会选择流转农地。只有对政府征地行为及补偿极其不满时,不接受地方政府的支付的时候,农民会进行"进京上访"来保护农地,即使最后农地已经流转。中央政府也与地方政府发生了博弈,可能对地方政府采取两种策略(严查并处罚,放任自由),一是对地方政府严查并给予相应处置,二是任由地方政府"压低价格"征地(张琳与王亚辉,2014)。一般而言,在和谐社会发展的敏感时期,中央政府对农民的"进京上访"都会严肃查处。此时,农民可以在地方政府处得到更多的补偿收益 $N_{34}+r$,同时可以获得农地流转后带来的交通便利等收益 N_{35} ,但是农民要付出一定的代价(如上访费等) W_{32} ,以及农地流转后所带来的农业经营收益 A_{32} ,所以农民的总收益 f_n 为:

$$f_n = N_{34} + r + N_{35} - W_{32} - A_{32} \qquad\qquad (6-9)$$

此时,经中央政府严查,地方政府必须给予被征地者的额外补偿 $N_{34}+r$,同时,还需要给予中央政府一定的土地出让分成、税收以及其他的社会不良影响等 N 。因此,地方政府的总收益 $f(d)$ 为:

$$f_d = N_{14} + N_{15} - O_{11} - W_{11} - A_{11} - N_{34} - r - N \qquad (6-5^2)$$

由上可得出,当农民接受政府的征地补偿时:

$$f(x_3) = \{ N_{11} + N_{12} + N_{13} - C_{11} - M_{11} - V_{11} - R_{11}, Q_{21} - W_{21}, N_{31} - R_{31} \\ - N_{32} - W_{31} \}$$

$$f(x_4) = \{ N_{11} + N_{12} + N_{13} - C_{11} - V_{11} - R_{11}, Q_{21} - W_{21}, R_{31} + N_{32} - N_{31} \}$$

$$f(x_5) = f(x_6) = \{ N_{14} + N_{15} - O_{11} - W_{11} - A_{11}, N_{22} - W_{22}, N_{34} + N_{35} \\ + O_{11} - A_{32} \}$$

$$f(x_7) = \{ N_{14} + N_{15} - W_{11} - A_{11}, N_{22}, N_{35} + O_{11} - A_{32} - W_{32} \}$$

当农民上访,地方政府受到查处处罚时,

$$f(x_7) = \{ N_{14} + N_{15} - W_{11} - A_{11} - N_{34} - r - N, N_{22}, N_{34} + r + N_{35} + \\ O_{11} - A_{32} - W_{32} \}$$

（三）博弈结果

在城市化加速推进阶段,城市边界扩大的主要手段就是对农村土地的征收,因此,各级地方政府具有投资扩张的冲动;农村集体一般倾向于跟随地方政府做出选择,而农民是典型的政策响应者。只有当农民对流转补偿极其不满的时,可能进行上访来影响农地流转数量,所以可能出现决策的均衡点。在以上收益组合中,对于各主体而言,$f(x_7)$是各主体的最大收益组合,即（发展,发展,保护）可能为博弈均衡组合。而在现有的农地城市流转制度中,农民往往在农地城市流转决策中处于弱势地位,其保护农地的力量有限,因此,在其他因素的影响下,可能向其他贝叶斯均衡转移,在中央政府监督不力的情况下,极有可能向（发展,发展,发展）均衡组合转移,这也是近年来农地保护政策失效的主要原因。在中央政府严格监管处罚地方政府的违规征地行为时,地方政府的收入减少,还可能影响地方政府的公信力。因此,在进行农地城市流转时,地方政府的决策会更加理性,不盲目扩大征地数量的同时,给予农民合理的征地补偿。

综上,在土地征收阶段,要促进农地城市流转共生系统的健康均衡地发展。中央政府需要严格监测、管理地方政府的征地行为,对于违法违规行为严厉查处,同时给予农地所有者与使用者合理的征地补偿,构建合理的就业培训体系、社会保障体系等以保障失地农民的生活。但是中央政府就得付出大量的监管成本。因此,可以从赋予农民更多的甚至是完全的征地谈判权入手,促进土地征收阶段的偏利共生向互利共生发展。

二、土地出让阶段的博弈共生:地方政府与开发商的合作博弈

在土地出让阶段,主要参与方为地方政府与开发商。地方政府是土地一级市场上的唯一供给者,土地使用者要想获取土地必须通过有偿方式,缴纳一定的土地出让金和相关税费,方可获得土地使用权。其次,地方政府和土地使用者是监督方与被监督方的关系（梁志元,2017）。随着我国土地使用制度改革的深入,以市场化手段出让国有土地使用权已成为政府供地的主要方式。从博弈的视角来看,招标、拍卖、挂牌出让土地过程中,地方政府和房地产开发商之间会产生相应博弈,地方政府和房地产开发商是房地产市场中利益攸关的共同体。其中,房地产开发商是市场最为强势的利益主体,用学者的话说,该群体堪称"目前中国发育程度最高、影响力最大同时自觉意识也最强的一个利益集团"。罗伯特·达尔认为,"任何一群为了争取或维护某种共同利益或目标而一起行动的人,就是一个利益集团"。已有研究表明地方政府、集体经济组织、用地单位和农民是农地城市流转中的利益相关者,其中用地单位开发商具有相当大的社会能量(孙立平,2006)。而地方政府是农地城市流转的净受益者,开发商发展房地产对地方政府的作用巨大。所以,地方政府有支持开发商的内在动力。房地产开发商也就不会承认本地房地产市场存在过热现象,甚至还会积极对当地政府进行"活动",干扰地方政府调控政策的制订和执行,以获取更多的土地,继而影响中央宏观调控的效果。房地产开发商与地方政府博弈的结果常常是二者"合作",消极对待"国家政策"(肖元真等,2007)。特别是在中国经济转型期的土地市场化经营下,中央政府和地方政府存在典型的博弈行为,该博弈产生的主要原因是中央和地方在土地市场的目标取向是不同的。

(一)不同土地出让方式的博弈分析

目前我国土地出让市场采用协议、招标、拍卖、挂牌四种出让方式。协议方式出让是指有意愿取得土地使用权的单位或个人直接向土地管理部门提出,由土地管理部门与其协商确定土地的出让价格。由于协议出让透明度低并且人为因素较大,不仅容易形成较低的出让价格,还容易滋生腐败,不利于土地市场的优化资源配置(梁志元,2017)。因此,2004 年后我国土地出让市场逐步走上了以"招拍挂"为主体的市场化出让方式。招拍挂这三种土地出让方式引入竞争,旨在提高土地出让的市场化、公平性和透明度,但是这三者对于土地出让的影响是不同的(见表 6-3)。

表6-3　不同土地出让方式的博弈特征

Tab. 6-3　The Game Characteristics of Different Land Transfer Ways

出让方式	非市场化		市场化	
	协议（划拨）	招标	拍卖	挂牌
博弈方式	一对多（有选择）	一对多（资质要求）	一对多	一对多
竞争目标	多目标	多目标	地价	地价与项目
出价次数	相互协商	一次	多次	多次
出价时间间隔	无	无	较短	较长
竞争程度	政府指定	比较激烈	最激烈	激烈
地价高低	低价或无	较高	最高	次高
企业竞争力	综合	价格与综合实力	资金	资金为主，其他为辅

　　招标出让适用于商品住宅、部分商办等经营性用地，招标方式竞争的目标是多元化的，最后中标的房地产开发商，不仅仅取决于其出价的高低，而且取决于整体开发方案的优劣和对房价的要求等综合评判。因此，招标方式对开发商的综合实力要求很高。但由于这个衡量体系是由土地管理部门人为设定的，因此，容易形成政府官员与开发商以及不同开发商之间的"串谋"，私下操纵土地出让价格。因此，招投标操作过程的管理必须公平、公正、规范，对评判专家要求严格。

　　拍卖出让方式适用于大宗土地和繁华的商业、娱乐用地，相对于招标具有更高的透明度，更有利于实现土地资源的高效配置。但拍卖方式遵从于"价高者得"的竞争模式，因此，越多的人参与竞价，竞争越激烈，土地成交价格就会越高，而在很短时间内多次竞价，"价高者得"的模式会将土地价格推到非常高的极点，最后的成交价格会无限接近出价者对土地的最高保留价格，政府几乎获得开发商保留价格的全部，这也是近来年土地成交价格屡创新高，"地王"不断涌现的原因。因此，若想抑制地价的不合理上涨，拍卖方式必须适度运用。

　　挂牌方式遵循的规则也是"价高者得"，但是其具备了招标和拍卖两种方式的优点，近些年逐步被采用。首先，挂牌出让没有人数的限制，哪怕只有一家开发商参与竞价,只要超过底价即可揭牌,而且每个参与人都可以多次报价,因此适用范围更广。其次,在土地出让时要审查参与人的资质情况比如信用、业绩、开发资质等,因此,挂牌在保证土地的合理开发的前提下能实现较高的土地价值。再次,出价的时间间隔长,相对于拍卖,可以给竞价人充分的时间斟酌后再出价,竞价过程更加理性。但是也是因为挂牌时间较长,给参与挂牌的竞价人之间提供了串谋得可能,使得土地出让价格低于市场价格。王媛与杨广亮(2016)通过制度分析指出土地"招拍挂"改革后,挂牌方式成为政府干预工具,相对于拍卖,挂牌出让导致了土地价格的低估,而且政府配置土地资源为当地带来的增长效应和土地利用效率均十分有限。

(二)非市场方式下的土地出让博弈

非市场化出让土地主要是指划拨用地和协议出让,土地的出让价格不是通过市场公开交易决定的,而是由房地产开发商和地方政府经私下协商决定的,出让价格无法显现土地的真实价值,协议产生的价格也大大低于土地的市场价格。因此,容易导致"寻求租金"的行为。在我们日常生活中的租金是指为了使用不属于自己的一件工具或某个设备的一部分而需要支付的费用。在其他时候,租金是指一项资产所得到的超出其最佳选择性收益的一部分回报,这一概念时常被称为"经济租金"(李颖与张成勇,1997);母小曼(2006)将租金定义为"政府行为所创造出来的经济租金";布坎南等人(1993)认为"寻求租金"一词是要描述这样一种制度背景化的行为:在那里,个人竭尽使价值最大化造成了社会浪费,而没有形成社会剩余。他们把寻租描述为人们凭借政府保护进行的寻求财富转移而造成的浪费资源的活动,即一个人在寻租,说明这个人在某事上进行了投资,被投资的这种事情实际上没有提高反而降低了生产率,但却给投资者带来了一种特殊的地位或垄断权利而提高了投资者的收入,租金也就是由此所得的收入。Fung(1987)将商品价格受管制条件下的寻租活动称为"对人为剩余的寻求"(contrived - surplus - seeking)。

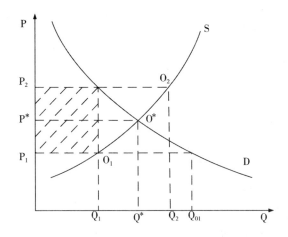

图 6-5　非市场出让方式下土地资源供需曲线

Fig. 6-5　Land Resources Supply and Demand Curve under
Non-market Mode of Land Transfer

在图 6-5 中,S 为土地市场的供给曲线,D 为土地市场的需求曲线,在土地市场均衡时点 O^* 的土地供给量和土地价格为 Q^* 和 P^*。但是由于地方政府垄断土地协议出让市场,协议出让又不具有市场交易的特征。因此,为了获取经济租金等各种目的,地方政府可以控制地价,使得地价人为降低到 P1,供给量就为 Q_1,而此时的需求量为 Q_{01},远远大于土地的供给量。因此,土地市场表现出供给缺口为 $Q_{01} - Q_1$,给土地市场造成需求旺盛的假象,引起包括开发商在内的用地单位大肆炒地、囤地等破坏土地市场秩序的行为,造成了农地的过量流转。因市场的实际价格比供给价格要高得多,在 Q_1 供给量时,市场价格应为 P_2,此时便会出现图中阴影面积所示的经济租,于是为了得到它,房地产开发商和地方政府官员必然开展激烈的寻租活动。以高额的贿赂换取低价的土地来牟取暴利,这种私人的暗箱操作会导致土地市场秩序混乱及国有土地资产的严重流失,对房地产开发商整体来说也欠公平,导致整体财富的负和博弈,并不是一种好的土地使用权转让形式(刘蕾,2008)。可见,协议出让方式并不符合市场规律,不利于土地资源的优化配置。因此,2004 年的土地"8.31 大限"中被禁止使用,表明我国已全面走入土地市场化经营。然而,要想规避土地出让中的寻租和地方官员的腐败现象,制度创新路漫漫其修远兮,寻租活动产生的主要根源在于制度缺陷(黄小虎,2002)。所以,最根本的解决办法就是要进行制度创新,同时,还需要中央政府的大力监管和惩罚机制的建立。

(三)市场化方式下的土地出让博弈

市场化方式出让国有土地使用权是目前房地产开发商获取土地的主要方式,主要包括"招拍挂"三种出让方式。其中,政府最常用的方式为土地拍卖与挂牌出让。但是土地拍卖方式容易产生"地王"而遭人诟病,于是挂牌出让方式自然而然地成为政府的干预工具。地方政府既是土地出让博弈的参与者,同时又是出让博弈规则的制定者。地方政府确定招标、拍卖、挂牌地块的用途、年限、出让方式、时间和其他条件;规定投标人、竞买人的资格要求及确定中标人、竞得人的标准和方法;根据土地估价结果和政府产业政策综合确定招标标底和拍卖挂牌的底价,该标底和底价在招标、拍卖、挂牌出让活动结束之前应当保密。房地产开发商根据政府的规定参与"招拍挂",以获取土地使用权。彭方平与方齐云(2003)研究认为在不同的博弈情况下,开发商与地方政府会采取不同的策略行为,以实现各自利益最大化。庞玉静(2016)通过博弈分析,也认为地方政府与开发商的博弈分为"斗鸡博弈""囚徒困境"和"智猪博弈"三种情况。而鲁璐等(2013)研究认为无论是招标,还是挂牌出让,拍卖方式中,地方政府与开发商之间的博弈中,开发商更容易陷入"囚徒困境"。

1. 基本假设

为了研究的方便,本研究做出以下假设:

假设1:参与者均为"理性人",即参与者追求各自利益的最大化;

假设2:只有一个地方政府,对不同级别的地方政府不进行区分,同时,地方政府作为一个参与主体;

假设3:房地产开发商在博弈过程中是相互独立的,即独立的个体。

2. 招标博弈过程

所有竞标参与者均不知道对手的出价信息,参与竞标的房地产开发商同时出价,博弈过程仅有一个回合,是不完全信息静态博弈(刘蕾, 2008;鲁璐,2013)。

(1)博弈参与人:招标博弈参与人是 n 个房地产开发商和 1 个土地供给者地方政府。在招标前,地方政府依据各项原则与方法确定出让土地的基础价 v_0 ,v_0 是非公开的随机变量。投标人出价:设共有 n 个房地产商参与土地招标,第 i 个投标者对土地的私人最高估价是 v_i(v_i 非公开并且相互独立的)。若假设其报价为 $b_i \geq 0$,则该房地产商中标后的净收益为($v_i - b_i$)。假设所有开发商的投标方案均与政府要求相符,那么获得这块土地使用权的开发商必然是报价最高的那个。如有不符合地方政府招标要求的,地方政府先排除,然后在符合要求的投标者中,选取报价最高的那个。所以投标者 i 的效用 u_i 为:

$$\mu_i(b_i, b_j, v_i) = \begin{cases} v_i - b_i, & \text{if } b_i > b_j \\ \dfrac{1}{n}(v_i - b_i), & \text{if } b_i = b_j \\ 0, \text{if } b_i < b_j \end{cases} \quad (6-10)$$

其中,$i,j = 1,2,\cdots,n$,且 $i \neq j$。

(2)博弈规则。假设所有参与投标的开发商的最优策略均是相同的,不同的只是他们私下对该土地的估价 v_i。因此,v_i 高的开发商的报价肯定高于 v_i 低的开发商的报价。设第 i 个开发商的的报价范围为 $\underline{v}$ 到 $\bar{v}$,那么他的策略选择 S_i 为 $[\underline{v}, \bar{v}]$,所有投标的开发商的策略为 $S = (S_1, S_2, \cdots, S_n)$。地方政府的策略为:满足 $b_i > v_0$ 时报价为 $\max(b_i > v_0)$ 的开发商。

(3)博弈均衡分析。招标人与投标人之间除招标文件的规定外,并不存在一个具有约束力的协议,各参与者独立地做出各自的决策;同时,每个投标人只知道自己对招标土地的私人价值,并不知道其他人对该土地的私人价值,只是对别人的私人价值有一个可能的主观概率,这是一个不完全信息非合作博弈。根据一级密封价格招标模型,给定的私人估价

和最终报价,则其期望效用为:

$$\mu_i = (v - b)\prod_{j \neq i} \text{Prob}(b_j < b) = (v - b)\varphi^{n-1}(b) \quad (6-11)$$

其最优化的一阶条件为:

$$-\varphi^{n-1}(b) + (v - b)(n - 1)\varphi^{n-2}\varphi'(b) = 0 \quad (6-12)$$

因为在均衡状态下 $\varphi(b) = v$,一阶条件为:

$$-\varphi(b) + (\varphi(b) - b)(n - 1)\varphi'(b) = 0 \quad (6-13)$$

该微分方程的解为:

$$b^*(v) = \frac{n-1}{n}v \quad (6-14)$$

(4)博弈结果

结论一:每个开发商的最终报价与投标的开发商数量 n 及他自己的私人估价 v 相关。n 的数量越多,$(n-1)/n$ 的值就越大,$b^*(v)$ 也就越大,特别当 $n \to \infty$ 时,$b^* \to v$,也就是说参加投标的房地产开发商越多,他们对于该土地的报价会越高,土地溢价也就越高,地方政府获得的土地收益也就越多。

结论二:随着参与招标的房地产开发商数量的增加,房地产商的报价 b_i 与其保留价格 v_i 的差额会逐渐减少。当参与招标的房地产开发商趋于无穷多时,地方政府几乎获得房地产开发商保留价格的全部,房地产商的报价 b_i 与其保留价格 v_i 的差额趋于消失,即使是成功中标的房地产开发商,其效用也趋于0。开发商陷入"囚徒困境"(鲁璐,2013)。这就是说,招标博弈中,开发商的报价越高,中标机会越大,其支付函数也就越小。而从某种程度上说,房地产市场是一个有限竞争的市场,具有非常明显的区域垄断性,于是,在新一轮的土地招标过程中,相互独立而且并不陌生的开发商之间就有了合作与串谋的有利条件。这时,地方政府与开发商的博弈均衡会出现新的趋向。

3.拍卖与挂牌博弈过程

从博弈论的角度看,土地拍卖与挂牌的博弈中,房地产开发商能够相互及时地看到对方的出价,并且会根据其他竞价者的价格轮流出价,整个博弈有多个回合,属于完全信息动态博弈。假设政府准备以拍卖的方式出让某宗土地,只有甲乙两家房地产商参与拍卖竞价,两家企业对该地块愿意出的最高价格是 v_1 和 v_2。拍卖过程中,双方都根据对方的叫价轮流加价,显然,叫价会不断接近双方能够接受的最高价格。当甲加价至其最高价格即 $b_1 = v_1$,乙就会继续加价使得 $b_2 > b_1$,$b_2 \to v_2$,而这时,甲就不会再继续加价,则出价高的乙便获得该土地的使用权。该博弈的结果是甲的叫价等于其最高价格,乙的叫价高于甲的最高价格。双方的效用分别为:开发商甲 $v_1 - b_1 = 0$,开发商乙 $v_2 - b_2 \approx 0$,暂且将其视为 0。土地拍卖成交价格几乎为参与竞标的开发商保留的最高价格,其效用依然趋于 0,参与拍卖的房地产商也陷入"囚徒困境",结果与招标基本一致。

同理,当有 n 个房地产开发商参与了土地拍卖竞价博弈时,经过多个博弈回合,将只剩下两家开发商进行竞价。这时就成了两人博弈,结果就是土地的成交价格也几乎为开发商的保留价格,其效用依然趋于 0。

挂牌与拍卖出让的过程相类似,只不过挂牌出价的时间间隔较长,房地产开发商有足够的时间考虑每一回合的博弈策略,但最终也是价高者得的竞争模式,只要参与挂牌竞价的开发商多于两人,最后土地的成交价格也是无穷接近其保留价格。房地产商最终也将陷入"囚徒困境",其结果与招标基本一致。

综上,在地方政府获得开发商保留的土地价格时,参与拍卖与挂牌的开发商最终也将陷入"囚徒困境"。现实中,开发商采取的对策:一是串通合作拿地,另外就是在新竞得土地的楼面地价远远高于周围楼盘时候,通过各种技术的革新、理念的创新甚至"惜盘捂盘"造成土地与住房的短缺,以此来不断刷新楼盘的价格。年志远与王天骄(2012)研究得出:国有企业"地王"行为是企业自主决策、自主经营、自负盈亏、自担风险的理性市场行为,并没有违背市场规律,更没有违法违规。因此,不应受到责难。客观地讲,房地产价格飙升的根源在于现有的"招拍挂"制度,而非国有企业"地王"行为。在现有制度背景下,(高价出让,高价竞得)是房地产商与地方政府土地拍卖的最佳收益组合,即是博弈均衡组合(黄烈佳与向利,2014)。

当然,在其他因素发生变化的情况下,如地方政府与地方政府之间的博弈,可以削弱地方政府的土地供给垄断权力,博弈可能向其他均衡发生转移。

(四)地方政府与开发商的土地出让博弈

在土地市场上,政府与开发商的博弈焦点体现在对开发商的授权上,由于此种授权在某种程度上可实现经济利益的低成本或零成本,所以获取这种授权就成了开发商在对政府博弈中的现实目标。而授权过程同样是个行政过程,因此,无论是市场化还是非市场化出让方式,在其行政过程中,相对方(开发商)与政府展开面对面的博弈,但在理论层面,相对方却是与以组织形式出现的行政主体与之进行较量,这种非对称性或错位,可能为非正当博弈的滋生与膨胀留下空间——或者行政机关进行机构寻租,或者政府人员利用权力设租、寻租。由此可见,历经了"行政主体—行政机关—政府人员"这两层信息非对称性的委托代理关系,政府人员或者因收取租金而不能与相对方进行正当博弈,或者疏于激励与制约而不愿与相对方展开博弈,这毫无疑问地会导致公益目标不同程度的落空,并殃及第三者被征地农户的利益(杨华均等,2005)。在此博弈中,地方政府的行动集合有两种,即不寻租与寻租。开发商的行动集合也有两种,即正常手段与非正常手段。因此,其博弈的结果有4种,两者的得益矩阵如表6-4所示。

表6-4　地方政府与房地产开发商博弈的得益矩阵

Tab. 6-4　The Benefit Matrix of the Game between

Local Government and Real Estate Developer

	房地产开发商	
	正常手段	非正常手段
地方政府不寻租	结果1	结果2
	$f(x_1) = (U_{11}, U_{21})$	$f(x_2) = (U_{12}, U_{22})$
地方政府寻租	结果3	结果4
	$f(x_3) = (U_{13}, U_{23})$	$f(x_4) = (U_{14}, U_{24})$

结果1:地方政府不寻租,地方政府与开发商将得到正常的土地出让

收益 U_{11} 与 U_{12},则 $f(x_1) = (U_{11}, U_{21})$;

结果2:地方政府不寻租,开发商不能以非正常手段获取利益,即 $U_{22} = 0, f(x_2) = (U_{12}, 0)$;

结果3:若地方政府寻租,开发商以正常手段获取土地,则 $f(x_3) = (U_{13}, U_{23})$,其中,$U_{13} > U_{11}$

结果4:若地方政府寻租,开发商以非正常手段获取土地,$f(x_4) = (U_{14}, U_{24})$,则有 $U_{22} < U_{24}$。同理,$U_{24} > U_{23}$。

假设地方政府和开发商均为纯粹的本位主义者,即任何可能获利的机会没有抓住就是损失,因此,$U_{12} < 0, U_{21} < 0$。所以在该博弈中,没有双方都能接受的纳什均衡解:对开发商而言,如果政府不寻租,自己的最优策略是以正常手段获取利益;如果地方政府寻租,自己的最优策略是选择非正常手段;同样,对地方政府而言,如果开发商以正常手段获取利益,自己的最优策略是不寻租,而在开发商选择非正常手段情况下,最优策略是寻租。所以只要行政监察机制不完善,这种博弈就会无限期地进行下去,双方永远都找不到使其均满意的策略。可见,该博弈为一个混合策略博弈问题(母小曼,2006),即地方政府与开发商是随机选择其策略的,他们的策略有一个概率分布(图6-6)。

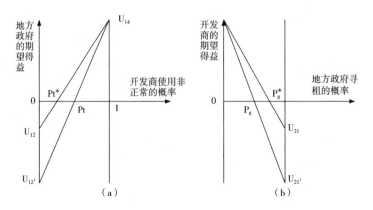

图6-6　地方政府与开发商的博弈策略概率分布图

Fig. 6-6　Probability Distribution of the Game Strategy between

Local Government and Developers

图 6-6 中,横轴反映开发商使用正常手段的概率 P,其 P 值分布在 0 和 1 之间,用 1 减去使用非正常手段的概率就是其使用正常手段的概率。纵轴反映了开发商使用非正常手段的概率时地方政府的期望得益 U_g。图中 U_{14} 与 U_{12} 连线与横轴的交点 P_t^*,P_t^* 即为开发商混合策略中选择使用非正常手段的概率。因为,U_{14} 与 U_{12} 连线上每一点的纵坐标都是地方政府在开发商选择该点横坐标表示的使用非正常手段的概率时选择的期望得益。只有开发商使用灰色手段的概率大于 P_t^*,地方政府的寻租得益 U_g 大于 0 的时候,寻租才是合算的。所以,开发商只要保证使用非正常手段的概率不小于 P_t^* 的情况下尽量降低使用非正常手段的概率是合算的。因此,其混合策略是使用非正常手段的概率为 P_t^*,使用正常手段的概率为 $1-P_t^*$。

同理,可以证明地方政府的混合策略为寻租的概率为 P_g^*,不寻租的概率为 $1-P_g^*$,如图 6-6(b)所示。如果中央政府采取相应手段,如完善制度、加强监督等,地方政府的寻租概率会由 P_g^* 降为 P_g。所以,某些开发商正是利用了制度漏洞和某些政府官员的寻租行为,采用了非正常手段获取极大利益,这种趋势无论短期还是长期,若不改变的话,地方政府寻租概率与开发商使用非正常手段的概率都会在一个较高的水平上徘徊。这种情况的后果是殃及被征地农民,而地方政府的寻租行为还会造成国家资产的大量流失。由于任何行政都具有程度不同的自由裁量空间以及行政主体对机会成本的考量,政府在机制创新上明显动力不足,这也是政府相关部门在征地过程中不能完全代表公益且忽视征地农户利益的原因所在。因此,母小曼(2006)提出必须转变思想,建立委托代理机制。即土地储备机构受政府委托,在政府的监控下,开展土地资产运营和执行公共政策,但法律责任必须由政府承担,土地储备行政行为在政府机关委托的范围内严格实施。

三、农地城市流转全过程共生模式:中央政府与地方政府的博弈共生模式

(一)博弈的产生

在经济转型期的土地市场化经营背景下,中央政府和地方政府存在典型的博弈行为,该博弈产生的主要原因是双方在土地市场的目标取向不同。中央和地方在土地出让市场中存在着矛盾和冲突,这种非合作的博弈主要表现在两方面,一是在土地市场的政策调控中,地方政府选择不执行或有选择的执行中央的调控政策;二是在土地出让过程中,为了防止土地资产流失,中央政府尽力控制地方政府寻租行为的博弈。

(二)博弈的特殊性及基本假设

地方政府和中央政府均为理性人,中央政府追求集体利益最大化,地方政府追求自身利润最大化。土地出让的过程中存在信息不对称情况,使得地方政府的不规范行为有可能逃过中央政府的监管,得到额外收益并免受处罚。地方政府作为一个独立的博弈参与人,有自己的博弈策略,博弈行动以自身利润最大化为前提。

(三)政策调控中的博弈

由于目标函数的不一致,中央政府对土地市场的宏观调控及土地政策的制度创新并不会转变成地方政府的自觉行为,地方政府以自身利益为导向的土地出让行为使中央政府的政策实施效率降低。因此,单纯依靠中央政府提供更多的制度约束不太现实,实现土地出让的各方利益均衡必须考虑地方政府的行为,这就为中央政府和地方政府博弈提供依据。反映在现实生活中就是中央政府对土地市场进行多次调控,收到的效果却不尽人意,在中央出台各种法规条例整顿土地市场时,地方政府选择不执行或部分执行,使得中央政府的宏观调控在很大程度上变为"空调",从表面上看,地方政府对中央的权威表示绝对服从,然而实际上地方政府却占据博弈的有利位置。

1. 模型的建立

假定针对土地出让市场的不规范行为,中央政府制定土地市场的调控政策 M,执行该政策产生的效用系数为 a,a 一般固定不变,若地方政府完全执行政策 M,该政策产生的效用为 aM。假设中央政府分享的政策效用概率为 $\lambda(0 < \lambda < 1)$,则地方政府分享的效用概率为 $(1 - \lambda)$,那么中央政府分得的效用为 λaM,地方政府分得的效用为 $(1 - \lambda)aM$。政策 M 在实施过程中,若地方政府不执行或只是部分执行,我们将不执行的程度量化为 $\mu(0 < \mu < 1)$,那么政策产生的效果便为 $(1 - \mu)aM$。当然地方政府也不会直接地和中央政府抗衡,其违规的目的是为了获得更高的土地出让金,地方政府不执行政策 M 时会获得额外效用的概率为 b(一般固定不变),那么地方政府如果不执行或部分执行政策 M,将会给其带来额外收益 μbM。针对地方政府可能存在的不执行政策 M 的违规行为,中央政府对其监管,监管需付出一定成本 C。发现地方政府没有按照规定执行政策 M 便处违规所得的 N 倍罚款。

中央政府和地方政府的决策均独立做出,由于政策的公开性,清楚政府不同情况下各自的得失。因此,可以看作完全信息静态博弈来考虑,中央政府的效用为 UC,地方政府的效用为 UL,同时,地方政府有两种选择(执行,不执行或部分执行),中央政府有三种选择(监管,不监管),而监管又分为监管处罚,监管不处罚两种情况,因此,可以得出以下五种情况:

表 6 – 5　中央政府与地方政府博弈的得益矩阵(一)

Tab. 6 – 5　The Profit Matrix of the Game between Central Government and Local Government

	中央政府		
	不监管	监管	
		监管处罚	监管不处罚
地方政府完全执行	情况 1	情况 2	
	(UC_1, UL_1)	(UC_2, UL_2)	

	中央政府		
	不监管	监管	
		监管处罚	监管不处罚
地方政府不执行或部分执行	情况 3 (UC_3, UL_3)	情况 4 (UC_4, UL_4)	情况 5 (UC_5, UL_5)

情况 1:地方政府完全执行,中央政府不监管,这时可以得出中央政府与地方政府各自的效用函数:

$$UC_1 = \lambda \alpha M$$

$$UL_1 = (1 - \lambda)\alpha M$$

情况 2:地方政府完全执行,中央政府监管,当地方政府完全执行时,中央政府的监管无须分处罚与不处罚。此时,中央政府与地方政府的效用函数为:

$$UC_2 = (1 - \lambda)\alpha M$$

$$UL_2 = \lambda \alpha M - C$$

情况 3:地方政府不执行或部分执行,中央政府不监管,此时地方政府在土地出让中获得额外收益,中央政府的效用有所减少。

$$UC_3 = \lambda(1 - \mu)\alpha M - \mu bM$$

$$UL_3 = (1 - \lambda)(1 - \mu)\alpha M + \mu bM$$

情况 4:地方政府不执行或部分执行,中央政府监管并能发现其违规行为,给予地方政府处罚,地方政府此时未能获取额外收益,但是中央政府得付出监管成本:

$$UC_4 = \lambda(1 - \mu)\alpha M + (N - 1)\mu bM - C$$

$$UL_4 = (1 - \lambda)(1 - \mu)\alpha M - (N - 1)\mu bM$$

情况 5:地方政府不执行或部分执行,中央政府监管,但是未能发现其违规行为,不予处罚。此时,地方政府在土地出让中可获取额外收益,而中央政府同样还是得付出监管成本。

$$UC_5 = \lambda(1 - \mu)\alpha M - \mu bM - C$$

$$UL_5 = (1 - \lambda)(1 - \mu)\alpha M + \mu bM$$

2. 均衡分析

根据前面的分析构建中央政府与地方政府的博弈树模型(图6-7),利用这个抽象的博弈扩展模型,我们进一步分析中央和地方的最优策略组合。

假设面对中央的调控政策,地方政府不执行的概率为 p,中央政府对政策实施情况进行监管的概率为 q,监管过程中能够发现地方政府不执行的概率为 r。根据假设,中央政府和地方政府都是理性人,追求效用最大化,求其效用最大化得到二者的最优策略组合(鲁璐,2013)。

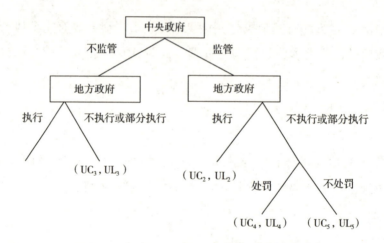

图6-7　中央—地方政府政策调控的博弈模型

Fig. 6-7　The Game Model on Policy Regulation between Central Government and Local Government

①中央政府的效用:中央政府的效用等于各种情况的效用与概率积的和。即中央政府的效用为:

$$UC = p_1 UC_1 + p_2 UC_2 + p_3 UC_3 + p_4 UC_4 + p_5 UC_5 = (1 - p)(1 - q)UC_1 +$$
$$(1 - p)qUC_2 + p(1 - q)UC_3 + prqUC_4 + pqUC_5$$

求 UC 最大值,对 UC 关于 q 求一阶偏导得:

$$\frac{UC}{q} = \mathrm{pr}N\mu\mathrm{b}M - C$$

令一阶偏导为 0,得 $p^* = c/rN\mu\mathrm{b}M$

②地方政府的效用:同理,地方政府的效用等于各种情况的效用与概率积的和。即

$UL = \mathrm{p}_1 UL_1 + \mathrm{p}_2 UL_2 + \mathrm{p}_3 UL_3 + \mathrm{p}_4 UL_4 + \mathrm{p}_5 UL_5 = (1 - \mathrm{p})(1 - \mathrm{q})UL_1 +$ $(1 - \mathrm{p})\mathrm{q}UL_2 + \mathrm{p}(1 - \mathrm{q})UL_3 + \mathrm{pqr}UL_4 + \mathrm{pq}(1 - \mathrm{r})UL_5$

求 UL 的最大值,对 UL 关于 P 求一阶偏导可得:$\dfrac{UL}{\mathrm{p}} = \mu\mathrm{b}M - \mu(1 - \mu)$ $\alpha M - \mathrm{qr}N\mu\mathrm{b}M$

令一阶偏导为 0,可得 $\mathrm{q}^* = [\mathrm{b}M - (1 - \lambda)\alpha M]/rN\mathrm{b}M$

由此得出,该博弈模型的混合战略纳什均衡为:

$\mathrm{p}^* = C/rN\mu\mathrm{b}M$

$\mathrm{q}^* = [\mathrm{b}M - (1 - \lambda)\alpha M]/rN\mathrm{b}M$

3. 博弈结论

$\mu\mathrm{b}M$ 为地方政府不执行或部分执行政策的额外收益,N 为收益的罚款倍数,r 为不执行被发现概率。分母为不执行的额外收益处罚的 N 倍乘以概率。可以得出,地方政府不执行政策被监管处罚的越严重,地方政府不执行政策的概率将越小,但是长此以往,中央政府的监管成本也会越来越大。中央监管过程中能够发现地方政府不执行的概率为 r。$\mu\mathrm{b}M$ 为地方政府不执行政策 M 时会获得额外效用的 N 倍处罚,即地方政府被发现的概率越大,被处罚得越严重,中央政府对政策实施情况进行监管的概率就越小。同时,地方政府不执行政策 M 时获得额外效用的概率为 b 越大,监管概率越大;地方政府执行政策产生的效用 aM 越大,监管概率就越小,即地方政府执行政策能够分得的效用 $(1 - \lambda)$aM 越大,监管概率就越小。

可见,中央政府和地方政府的博弈最理想的状态是中央制定土地调控政策,地方政府都能够不遗余力地执行,从而使得该政策能够顺利地贯彻实施。同时,在土地政策实施的过程中,中央政府不必花费额外的支出

对地方政府行为进行监管。但从现实情况来看,地方政府由于享有对土地出让市场的直接管理权和土地出让金的直接受益权,这种情况很难实现。因此,要通过制度的完善降低地方政府不执行调控政策概率及中央实施土地监管的概率。

现实中,在"招拍挂"这样的市场化手段下,由于巨大利益的推动,地方官员也会铤而走险,和房地产开发商串谋从而影响土地的成交价格。因此,为了防范寻租现象,还要依靠中央政府的监督和管理(鲁璐,2013)。

尽量降低地方寻租的概率,设法提高监管过程中查出寻租的概率及加大处罚力度。既要尽可能多地发现地方政府的违规操作,通过严格的监管降低地方政府寻租的概率;还要建立起严格的处罚制度,这样才会起到警戒作用,规范地方政府的行为,以保证土地出让市场的公平性、公开性、有序性。

综上,无论是合作博弈,还是非合作博弈。农地城市流转的各个阶段,参与主体都有自己的利益诉求,根据自身拥有的权益参与竞争博弈。但是在现有的农地城市流转制度下,农民仍然处于弱势地位。中央政府的土地政策尽管考虑到弱势群体的利益,但是在土地出让市场中,无论是拍卖还是招标挂牌出让,开发商都有可能陷入"囚徒困境",地方政府最终可能获得最大的土地出让收益。在全过程博弈中,地方政府利用自身的博弈优势,有可能逃脱中央政府的监管,避免受到中央政府的监管与处罚。因此,对于中央政府而言,只有增加监管力度与成本,尽可能多地发现地方政府的违法行为,并加大处罚力度。同时,完善农地城市流转制度,保障各个参与主体的权益,保证市场的公平与公正。这样,农地城市流转共生系统才会从偏利共生向一体化共生发展。

第三节　农地城市流转多目标多主体共生
系统变化及其影响因素

农地城市流转多目标多主体共生系统是由共生单元、共生模式和共生环境所组成的一种共生系统,由于其不仅涉及多个目标,而且事关多个利益主体。由上面的分析可以得出:共生单元的增加或者减少、共生环境(或者共生界面)一旦发生变化,其共生模式也将发生变化,最终导致共生系统由一个均衡状态向另一个状态转移。可见,该共生系统是一个动态的变化系统。

一、农地城市流转多目标多主体共生系统变化特征

在农地城市流转的过程中,土地的增值既可以为各参与主体带来角较大的经济利益,促进城市化的推进,带动本区域的经济发展,同时,还可以为地方政府带来政治绩效。因此,土地违法行为时有发生,其中地方政府的违法现象尤甚,地方政府土地出让的政策目标是双重的:即一方面通过招拍挂等方式获得"土地财政",另一方面以行政划拨、协议出让的廉价方式获取"土地引资"。无论是地方政府的"引资"还是"创收",均离不开土地要素(李尚蒲等,2013)。如果共生单元不遵守中央政府的政策法规,在经济利益或者是发展地方经济、追求政绩等的诱惑下,除中央政府外,其他农地城市流转共生单元的流转范围将随之发生变化,即共生单元的共生系统将发生变化(见图6-8)。

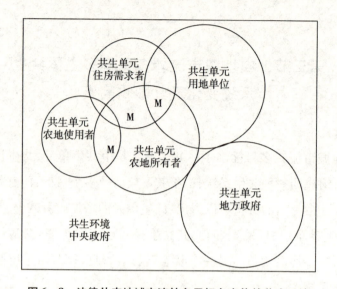

图 6-8　法律外农地城市流转多目标多主体的共生系统

Fig. 6-8　The Multi-objective and Multi-agent Symbiosis System

of Rural to Urban Land Conversion

（一）共生单元的流转范围增加

在土地出让阶段,共生单元房地产开发商一方面通过合法的途径参与农地城市流转获取土地;另一方面通过违法方式,私下里与农民集体或者农民进行农地流转,开发"小产权房",住宅需求者特别是城市低收入人群由于经济的压力购买小产权房。在征地阶段,共生单元地方政府,多征少用、违法征用农村土地,造成了耕地的流失与浪费;而在出让阶段通过非市场出让方式寻租低价出让国有土地使用权。在农民无法接受地方政府的征地行为时,可能进京上访,这时,共生单元中央政府通过调查监管对地方政府的违法行为进行处罚。事实上,地方政府的违法土地面积在土地总违法面积中居高不下(梁若冰,2009;龙开胜等,2011),超额建设用地现象层出不穷。根据国土资源部统计,我国耕地减少主要源于建设用地占用,2009 年占耕地减少量的 66.89%。1999—2009 年中国土地违法主体中,各级地方政府(包括村集体)和企事业单位在土地及耕地违法上占比约为八成,地方政府成为土地违法的主体(李尚蒲等,2013),大大增加了中央政府的土地监管成本。

（二）共生单元之间有了更多的联系，共生模式更多的是合作共生，加速了耕地资源的流失

在违规流转后，农地所有者与住宅需求者有了更加直接的联系，即直接从农地所有者手中购买"小产权房"。开发商则绕过地方政府与农地所有者合作，形成了农地城市流转的隐形市场，其共生模式变为合作互利模式，加大了耕地保护的困难，造成了耕地资源的流失。

（三）共生环境发生了变化

农地所有者之所以在集体土地上开发或者与开发商合作开发"小产权房"，一是城市经济发展良好，住宅需求急剧增加，有利可图。其次是即使违法开发被查，处罚后果也不是很严，违法成本远远小于违法收益，加速了系统的巨变。

综上，作为社会理性人（中央政府），在进行农地城市流转决策时，如何考虑多个决策目标、多个利益主体的共生，保持共生系统的平稳发展是其决策的关键，也是其决策的目标。

二、农地城市流转多目标多主体共生系统变化的影响因素

农地城市流转共生系统是由各个共生单元在共生环境下以一定的共生模式相互联系的系统，该系统随着共生环境与共生模式的变化而不断变化。在法定范围内，共生单元之间多属于非合作竞争模式，共生单元通过竞争博弈达到平衡。但在违法流转成本低、流转效益较高、两种产权的地位不平等因素影响下，土地隐形流转大量存在，引起了共生系统的突变。农地城市流转共生单元的共生模式多为合作共生，从而加大了农地城市流转的规模，增加了耕地保护的难度。因此，探讨共生系统变化的影响因素是系统稳定向新的平衡发展的基础。

（一）经济因素：巨大的土地利用比较利益

土地利用的比较效益和耕地资源禀赋是农地非农化的基础因素（曲

福田等,2005),也是影响共生的基本原因。在比较利益的驱动下,各共生单元都有农地城市流转的冲动。而决策者重经济效益的决策导致了流转社会与生态目标难以实现,引起了共生系统的变化。同时,城市化、经济发展推动了住宅价格的上扬,这既增加了开发商的土地成本,又增加了住宅需求者的居住成本,也增加被征地农民生活成本,加大了未来的不确定性。因此,在经济诱因下,农地所有者与开发商合作或单独开发"小产权房",促使系统发生突变。

(二)制度因素:两种土地产权地位的不平等

《辞海》将产权定义为财产所有权。科斯(1937)把产权界定为经济当事人对财产所拥有的权利。德姆塞茨(1989)认为产权是一种社会工具,其重要性就在于事实上它们能帮助一个人形成他与其他人进行交易时的合理预期。土地产权是以土地作为客体的各种权利的总和。为了公共利益的需要,国家可以依照法律规定对土地实行征收或者征用并给予补偿。可见,法律所描述的两种不同土地所有权存在地位的不平等。这种土地产权制度的基本性质包含政治制度、社会组织制度和财产法律制度三个层次(吴次芳等,2010)。这种"三结合"的土地产权制度为农民提供了基本的生存保障,对经济波动的影响起到了很好的蓄水池和缓冲器作用,也促进了中国经济转型发展的成功。但产权制度隶属于政治制度,使名义上的公有形式与市场经济中对私有产权形式的需求经常产生矛盾,不利于资源有效配置。比如,地方政府对集体土地产权的漠视,只注重城市的快速扩张和工业园区的大规模推进,造成农地的大量流失。这既不利于耕地保护,也不利于失地农民的权益保障,还会影响粮食安全(吴次芳等,2010)。同时,我国农村集体土地所有权主体不明造成了土地征用过程中农地保护的搭便车现象,农民个体不愿意在对抗政府低价征用土地的行为中付出太多,事实上弱化了所有权对土地征用的制约作用(曲福田等,2005)。一定程度上加大了农地城市流转的规模与速度,同时损害了农民的利益,情况严重时,被征地农民被迫集体上访,影响了流转系统的共生。

（三）违法成本因素：违法流转成本低

征地冲突产生的原因是农民没有得到合理补充或者安置，这反映了现阶段征地所表现出的土地公权力的任意使用（吴次芳等，2010）。在缺乏对土地公权力的制约下，违法流转成本低加大了地方政府违法流转的力度。根据2014年4月至6月，土地督察机构对全国56个市（州、盟、区、县）土地利用和管理监督处罚结果来看，9城市受到了约谈并严惩。但国土部问责土地违法至少有两年的滞后期，这实际上是放纵了违法。放纵土地违法，实际上是让"最严格的土地管理制度"流于形式，不仅18亿耕地红线难守，粮食安全战略受到威胁，土地问题已成上访的主要原因，带来的维稳成本更是高昂。同时，在"法不责众"下，郊区农地所有者也加大了"小产权房"开发力度，促使系统发生变化。

第七章

基于土地市场化进程的武汉市农地城市流转共生问题分析

作为优化土地资源配置的重要方式,土地市场化的引入有利于提高土地利用效率,预防城市郊区农地的大量流失;为农地城市流转的相关利益主体提供公平竞争的环境,有利于农地城市流转的可持续发展,最终促进农地城市流转的多目标多主体的共生。本章以武汉市为例,从其农地城市流转现状及其时空特征出发,测度 2010—2017 年武汉市土地市场化程度的基础上,分析土地市场化程度与农地城市流转之间的关系,探讨土地市场化程度能否改善共生系统的环境,促进多目标多主体的共生,为农地城市流转的制度改革提供实践借鉴。

第一节　研究区域概况

武汉,湖北省省会,简称"汉",俗称"江城",中部唯一的副省级城市,武汉城市圈的中心城市,是我国经济地理的中心。武汉是湖北省政治、文化、经济中心,全国重要的工业基地和交通、通讯枢纽,华中地区的经济、交通、通信、商贸、科教和文化中心。位于东经 113°41′—115°05′,北纬 29°58′—31°22′,在平面直角坐标上,东西最大横距 134 千米,南北最大纵距 155 千米,周边与湖北省黄州、鄂州、大冶、咸宁、嘉鱼、洪湖、仙桃、汉川、孝感、大悟、红安、麻城等 12 个市、县接壤,形似一只自西向东的彩蝶。

世界第三大河长江及其最大支流汉江横贯市区,将武汉分为武昌、汉口、汉阳三镇鼎立的格局。省外与长沙、郑州、南昌、洛阳、九江等大中城市相距 600 公里左右;与北京、天津、上海、广州、重庆、西安等特大城市相距 1200 公里左右,具有得天独厚的区位优势。

改革开放后,武汉市社会面貌发生了根本性的变化。截至 2015 年末,全年地区生产总值达到 10905.60 亿元,按可比价格计算,比上年增长 8.8%。其中,第一产业增加值 359.81 亿元,增长 4.8%;第二产业增加值 4981.54 亿元,增长 8.2%;第三产业增加值 5564.25 亿元,增长 9.6%。一、二、三产业比重由上年的 3.5:47.5:49.0 调整为 3.3:45.7:51.0。第三产业占比提高 2 个百分点。"十二五"时期,全市地区生产总值累计 44792.37 亿元,是"十一五"时期的 2.2 倍。武汉国土面积 8569.15 平方公里,现有 13 个辖区,其中江岸、江汉、硚口、武昌、汉阳、青山、洪山 7 个区域为中心城区,东西湖、蔡甸、江夏、黄陂、新洲、汉南 6 个区域为新城区①。以及武汉经济开发区、东湖新技术开发区、东湖生态旅游风景区、武汉化学工业区和武汉新港等 5 个功能区,共有 3 个乡、3 个镇、151 个街道办事处、1274 个社区居委会、1825 个村委会。2015 年末,全市常住人口 1060.77 万人。户籍人口 829.27 万人,其中,农业人口 267.58 万人,非农业人口 561.69 万人。2015 年,武汉城市常住居民人均可支配收入 32478 元,比上年增长 9.6%。其中,城镇常住居民人均可支配收入 36436 元,增长 9.5%。人均消费支出 23943 元,增长 8.8%。人均居住面积 49.08 平方米。

武汉市得天独厚的优越位置、丰富的自然资源及良好的气候环境,决定了武汉市不仅是很好的农耕地区,而且是城市发展的较佳选择。就城市化发展水平所处的阶段来看,在未来一段时间内,武汉市农地城市流转仍然不可避免。而农地不仅具有生产功能,而且具有非生产功能,同时,农地利用还具有公共物品属性。因此,对武汉市农地城市流转情况进行

---

① 数据来自武汉统计年鉴 2016.

分析,有助于提高农地城市流转决策的科学性。为了研究的需要,学者们在研究武汉历史与现状的基础上,将武汉在地域上划分为中心城区、近郊区和远郊区三个部分,中心区包括江岸、江汉、硚口和武昌四大区域,是武汉市的老城区;近郊区包括汉阳、青山和洪山三大区域,他们是老城区扩展的新城区;远郊区包括东西湖、汉南、蔡甸、江夏、黄陂和新洲六个区域,是武汉市后来发展的延伸区域①。经济的快速发展、人口的激增导致了城市住宅需求的增加,在一定程度上促进了城市住宅用地向郊区扩张。近年来,洪山、江夏、东西湖等区域成为住宅发展的重点区域。郊区大量农地的流失、土地资源的浪费及环境的破坏带来了一系列不可逆转的问题,作为两型社会构建的试验区,武汉市为农地城市住宅流转的探讨提供了典型区域,探讨其流转状况,避免其盲目发展具有重要的理论与现实意义。

第二节　武汉市土地利用现状及其特征

一、武汉市土地利用现状

根据土地利用变更调查数据,2015 年末,全市农用地面积 564609 公顷,占全市土地总面积的 66.04%;建设用地面积 139699 公顷,占全市土地总面积的 16.34%;未利用地面积 150601 公顷,占全市土地总面积的 17.62%。农用地中,耕地占 61.13%,园地占 2.40%,林地占 15.59%,牧草地占 0.05%,其他农用地占 20.83%;建设用地中,城镇工矿用地占 40.91%,农村居民点用地占 35.24%,交通水利用地占 20.50%,风景名胜设施及特殊用地占 3.35%;未利用地中,水域占 74.94%,滩涂沼泽和自然保留地占 25.06%。武汉市各类土地面积(表 7 - 1)及比例(表 7 - 2)分

---

① 刘耀彬,白淑军. 武汉市人口的空间变动与郊区化研究[J]. 湖北大学学报(自科版),2002,24(4):364 - 369.

别为:耕地面积为 455790hm², 占 53. 03%; 草地面积为 77536 hm², 占 9. 02%; 林地面积为 7832 hm², 占 0. 91%; 水域面积为 184276 hm², 21. 44%; 城镇用地面积为 70986 hm², 占 8. 26%; 工交用地面积为 29858hm², 占 3. 47%; 未利用土地面积为 6227 hm², 占 0. 72%。

表 7-1　2015 年武汉市各区土地利用结构表　　　　单位:hm²

Tab. 7-1　Land Use Structure of Each District in Wuhan City in 2015

unit:hm²

项目 区域	耕地	草地	林地	水域	城镇 用地	农村 居民点	工交 用地	未利用 土地
武汉市	455790	77536	7832	184276	70986	27016	29858	6227
江岸区	1364	52	31	2713	4444	101	501	0
江汉区	0	0	0	112	2719	14	0	0
硚口区	12	0	61	508	3088	404	0	0
武昌区	207	536	0	3110	4563	45	27	13
汉阳区	1808	187	437	3485	3856	72	1631	0
青山区	553	28	70	1270	4411	209	41	20
洪山区	15877	1943	1365	16467	12573	1185	4753	494
东西湖	27261	370	577	13508	4329	1466	2266	248
汉南区	14693	387	330	9720	971	895	833	150
蔡甸区	57045	5147	1143	30322	8260	3502	4157	1738
江夏区	110892	12309	2084	52188	12311	3535	6930	2362
黄陂区	135794	48834	216	23395	5311	5018	5967	325
新洲区	90284	7740	1518	27478	4150	10570	2752	878

表 7 − 2　武汉市各区土地利用类型占比表　　　　单位：%

Tab. 7 − 2　Land Use Type Proportion of Each District in Wuhan City

unit：%

项目\区域	耕地	草地	林地	水域	城镇用地	农村居民点	工交用地	未利用土地
武汉市	100	100	100	100	100	100	100	100
江岸区	0.30	0.07	0.40	1.47	6.26	0.37	1.68	0.00
江汉区	0.00	0.00	0.00	0.06	3.83	0.05	0.00	0.00
硚口区	0.00	0.00	0.78	0.28	4.35	1.50	0.00	0.00
武昌区	0.05	0.69	0.00	1.69	6.43	0.17	0.09	0.21
汉阳区	0.40	0.24	5.58	1.89	5.43	0.27	5.46	0.00
青山区	0.12	0.04	0.90	0.69	6.21	0.77	0.14	0.32
洪山区	3.48	2.51	17.42	8.94	17.71	4.39	15.92	7.93
东西湖	12.52	6.64	14.59	16.45	11.64	12.96	13.92	27.92
汉南区	3.22	0.50	4.21	5.27	1.37	3.31	2.79	2.40
蔡甸区	5.98	0.48	7.37	7.33	6.10	5.42	7.59	3.98
江夏区	29.79	62.98	2.75	12.70	7.48	18.58	19.98	5.21
黄陂区	24.33	15.87	26.61	28.32	17.34	13.08	23.21	37.93
新洲区	19.81	9.98	19.39	14.91	5.85	39.12	9.22	14.10

　　综上，武汉市土地利用结构主要以耕地、水域与建设用地为主，农地以耕地资源为主，其次是其他农用地，林地仅有少量，未利用土地占比最少。以各区计算，全市耕地分布在黄陂、江夏、新洲和蔡甸等远城区，占全市耕地面积的 86.45%；未利用土地除了武昌、青山和洪山有少量外，主要分布在远城区。

二、武汉市土地利用空间差异

图7-1与7-2分别为武汉市分区土地利用类型面积及比例图,从中可以看出武汉市土地利用类型分布不平衡。武汉市除了江汉区没有耕地之外,硚口区还剩少量耕地外,其余11区均有耕地,全市耕地主要分布在远城区的江夏区、黄陂区、新洲区以及东西湖,其中江夏区的耕地比例高达29.79%。中心城区还有少量耕地主要分布在江岸,武昌区仅有少量耕地;近郊区的耕地主要分布在洪山区,青山区仅剩少量耕地。

百湖之城的武汉,武汉市水域面积较大,2015年末其水域用地为184276hm²,占全部土地面积的21.44%。主要分布在远城区的黄陂区、东西湖、新洲与江夏区,四个区域的水域用地占比为72.38%;中心城区主要分布在武昌与江岸;近郊区主要分布在洪山区,占比8.94%。

林地主要分布在黄陂区、新洲区与东西湖,其中黄陂区的林地是各区面积最大,比例最高的区域,占比为26.61%;草地主要分布在江夏区与黄陂区,其中江夏区的草地面积占全市草地总量的62.98%。

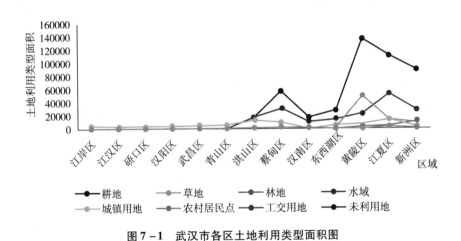

图7-1　武汉市各区土地利用类型面积图

Fig. 7-1　Land Use Type of Each District in Wuhan City

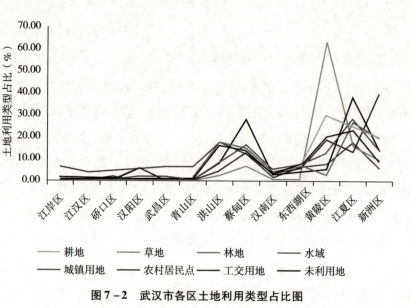

图 7 - 2　武汉市各区土地利用类型占比图

Fig. 7 - 2　**Land Use Type Proportion of Each District in Wuhan City**

农村居民点用地在中心城区的分布比较均衡,相差不是很大,远城区的居民点用地的比例最多的是新洲,占比 39.12%,最少的是汉南区,占比 3.31%。

工交用地在主城区主要集中在江岸区和武昌区,近郊区主要分布在汉阳区与洪山区,远城区的工交用地主要分布在黄陂区与江夏区。

未利用土地主要分布在东西湖区和黄陂区,其中黄陂区面积最大,所占比例最高,为 37.93%。中心城区除了武昌还有少量未利用土地,其他区域已经没有未利用土地。近郊区的未利用土地主要分布在洪山区,占比 7.93%。

三、武汉市土地利用变化分析

土地利用变化反映的是土地利用动态系统中的一类纵向动态变化过程,这一动态过程可以用变量描述为:

$$A(t) = \begin{bmatrix} a_1(t) \\ a_2(t) \\ \vdots \\ a_n(t) \end{bmatrix}$$

设 $a_1(t)$、$a_2(t)$、…、$a_n(t)$ 分别代表第 t 年土地利用结构中的不同土地利用类型,则状态向量所表示的就是第 t 年的土地利用格局,它是以 $a_1(t)$、$a_2(t)$、…、$a_n(t)$ 为坐标轴构成 n 维状态空间中的一个固定点。当 t ≥ t_0 时,状态向量 A(t) 在状态空间中的运动轨迹就被看作是区域土地利用格局的动态变化过程。

一个地区的土地利用格局实际上就是这一区域内不同土地利用类型间的结构组合或搭配关系,并且它在一定意义上可以描述区域土地利用的水平。土地利用格局的形成、发展和变化与当地的自然环境条件和社会经济条件是密切相关的,是自然环境和社会经济条件在不断变化过程中共同作用于土地利用而产生的结果。因此,如果区域的自然与经济环境保持相对稳定,那么区域土地利用格局也将具备相对稳定性;反之,区域自然与经济环境的变化也将带动区域土地利用格局的变化。

(一)武汉市土地利用变化总体特征

在 2000—2015 年间,随着武汉市经济的发展与人口的增长,区域的土地利用格局也发生了较为明显的变化(图 7-3)。尤其是随着城市化和工业化进程的推进,二者对土地利用的影响在土地利用格局的变化中得到了充分的体现。

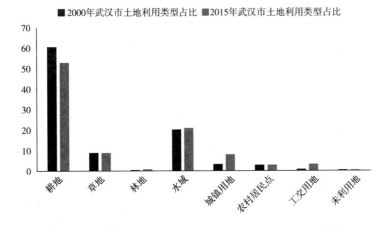

图 7-3　2000 年与 2015 年武汉市土地利用类型对比图

Fig. 7-3　Comparison of Land Use Type in Wuhan City both 2000 and 2015

从图 7-3 可以看出,2000—2015 年的 15 年间,武汉市的土地利用变化总体特征主要表现为耕地、草地与未利用土地的减少,城镇用地、工交用地与农村居民点用地的增加,水域用地的少量增加。具体表现在:第一,耕地面积持续减少,所占比例由 2000 年的 60.87% 下降到 2015 年的 53.03%,减少幅度最大,但减少速度趋于平缓;第二,林地面积稳步增加,所占比例由 2000 年的 0.85% 上升到 2001 年的 0.91%,这主要是近年来政府与公众比重注重生态保护的结果;第三,牧草地面积相对稳定,出现少量下降的趋势;第四,水域面积较大,而且有所增加,所占比例由 2000 年的主 0.85% 到 2015 年 0.91%。这与政府采取"退耕还湖、还渔"等政策,使得水域面积得到一定程度的提高;第五,未利用土地在区域土地利用结构中所占的比例也由 2000 年的 0.88% 变化至 2015 年的 0.72%,下降了 0.16 个百分点;第六,非农业用地的比例呈现逐步增长趋势,其中,城镇用地从 2000 年的 3.45% 增加到 2015 年的 8.26%,上升了 4.81%,增加幅度最大;工交用地从 1.11% 到 3.47%,上涨了 2.36%;农村居民点从 2000 年的 3.03% 变化至 2015 年的 3.14%,上升了 0.11%,导致了非农建设用地的快速增加。

（二）武汉市土地利用变化的区域差异特征

2000—2015 年,在武汉市各类土地发生变化的同时,武汉市各区域的土地利用结构也发生了强烈的变化,并且具有明显的区域差异(图 7-4 与 7-4),其中远城区的土地利用变化最为剧烈。在土地利用类型方面,变化最剧烈的是耕地,其后依次是城镇用地、工交用地和水域,其他类型的土地变化相对比较平稳。

具体而言,所有区域都出现了耕地快速减少的现象。耕地减少最快的是远城区,其次是近郊区,最后是中心城区;三大区域中,草地也同时出现了减少的情况,除了青山区有少量的增加外,所有区域出现了减少的情况。林地除了中心城区减少外,远城区与近郊区出现了增加的情况,其中江夏、黄陂与汉南区林地增加较多。水域用地面积减少最多的是近郊区;

其次是中心城区,中心城区又以江岸区最严重;远城区的水域用地出现了快速增加,增加了1966hm²。

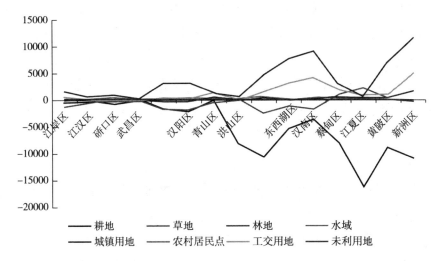

图7-4　2000年与2015年武汉市各区土地利用类型变化图

Fig. 7-4　Change of Land Use Type in Each District of

Wuhan City both 2000 and 2015

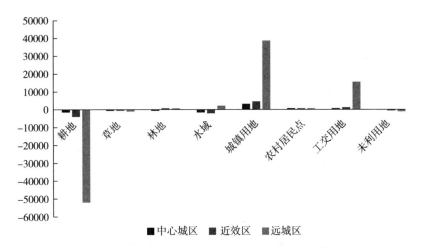

图7-5　2000年与2015年武汉市三大区域土地利用类型变化图

Fig. 7-5　Change of Land Use Type in Three District of

Wuhan City both 2000 and 2015

武汉市 13 个辖区城镇用地都出现了增加的情况,这也是近年来武汉市城市化快速推进的结果。其中远城区增加的面积最大为 38603 公顷,近郊增加了 4667 公顷,中心城区增加了 3156 公顷,这主要是中心城区的土地利用率最高的原因,2015 年除了武昌区还剩少量的未利用土地外,其他区域已经没有未利用土地可用。农村居民点都出现了增加的情况,近郊区增加的最多,其次为远城区,中心城区最少。工交用地面积增加最多的是远城区、其次是近郊区,最少的是中心城区。中心城区的未利用土地的面积变化为 0,近郊区只有洪山区减少了 121 公顷,最多的是远城区,面积减少了 1286 公顷。

综上,在这一轮的农地城市流转过程中,耕地、草地、林地以及水域用地都出现了减少的情况,其中又以耕地的大量减少为核心。耕地仍然是农地城市流转最主要的来源;建设用地的增加中又以城镇用地与工交用地的迅速增加为核心,农民居民点的少量增加为特点;未利用土地平稳减少。

第三节　武汉市农地城市流转时空变化特征

一、研究方法

以耕地为例对武汉市农地城市流转情况进行探讨,耕地数量变化不仅在时间方面表现出阶段性,而且在空间上表现出差异性。武汉市由于各地区的经济发展速度和人口增长率不同,使得市内各地区耕地数量变化表现出很大的差异。这里借鉴土地类型空间变化分析方法,主要利用耕地动态度模型和耕地相对变化率来分析耕地的时空演变,可以真实地反映本区域耕地演变的剧烈程度,分析研究区内耕地变化的区域差异及热点(王秀兰和包玉海,1999;朱会义和李秀彬,2003;段瑞娟等,2005)。

（一）耕地动态度

耕地演变速率的区域差异可以用耕地动态度来表示,计算公式为:

$$K = \frac{U_b - U_a}{U_a} \times \frac{1}{T} \times 100\% \qquad (7-1)$$

式 7-1 中,K 是研究时段内耕地动态指数;U_a 和 U_b 分别是研究期初和期末某种土地类型的数量;T 是研究监测的时间段。

(二)耕地相对变化率分析

耕地相对变化率研究建立在区域变化率的基础上,局部地区耕地变化率与区域耕地变化率相比较,就是相对变化率。计算公式为:

$$R = \frac{|K_b - K_a| \times C_a}{K_a \times |C_b - C_a|} \qquad (7-2)$$

式 7-2 中,R 为耕地相对变化率;K_a 和 K_b 分别为局部区域研究期初和研究期末的耕地面积;C_a 和 C_b 分别代表研究区内研究期初和研究末期的耕地面积。

二、农地城市流转数量变化趋势

表 7-3 武汉市四个时段耕地变化比较(1983—2015)

Tab. 7-3 Comparison of Cultivated Land Changes of 1983—2015 in Wuhan City

	时段	全市	主城区	洪山区	东西湖区	汉南区	蔡甸区	江夏区	黄陂区	新洲区
减少量 ($10^3 hm^2$)	1983-1988	13.95	3.02	2.12	1.96	0.86	1.07	3.48	2.26	1.30
	1991-1996	15.80	1.44	0.97	3.33	0.96	2.15	2.69	2.497	2.61
	1997-2002	8.50	1.94	1.40	0.93	0.06	1.71	2.45	0.51	0.89
	2000-2015	58.14	12.44	8.22	3.81	10.71	5.44	3.55	8.01	16.26
年均减少量 ($10^3 hm^2$)	1983-1988	2.79	0.60	0.42	0.39	0.17	0.21	0.70	0.45	0.26
	1991-1996	3.16	0.29	0.19	0.67	0.19	0.43	0.54	0.50	0.52
	1997-2002	1.70	0.39	0.28	0.19	0.01	0.34	0.49	0.10	0.18
	2000-2015	3.88	0.83	0.55	0.25	0.71	0.36	0.24	0.53	1.08

续表

	时段	全市	主城区	洪山区	东西湖区	汉南区	蔡甸区	江夏区	黄陂区	新洲区
K 值（%）	1983－1988	-1.08	-5.32	-3.4	-1.66	-1.2	-0.64	-1.26	-0.72	-0.48
	1991－1996	-1.30	-4.40	-1.92	-3.12	-0.16	-1.36	-1.06	-0.8	-0.98
	1997－2002	6.87	-7.57	-34.74	-14.13	0.95	-36.20	-3.34	-1.28	-16.04
	2000－2015	-0.84	-3.48	-2.27	-1.11	-1.30	-0.82	-0.85	-0.41	-0.72
R 值（%）	1983－1988	1.00	0.48	0.31	0.15	0.11	0.06	0.11	0.06	0.04
	1991－1996	1.00	0.44	0.19	0.31	0.02	0.14	0.11	0.08	0.10
	1997－2002	1.00	1.14	5.21	2.12	-0.14	5.43	0.50	0.19	2.41
	2000－2015	1.00	4.30	0.39	0.19	0.22	0.14	0.14	0.07	0.12

资料来源:武汉市统计年鉴、武汉市国土规划年报。

注:由于洪山区为典型的城乡生态经济交错区,而且由于区域比较大,所以将其单独列出。

表 7－3 为武汉市四个时段耕地变化情况,从中可见,1983—2015 年武汉市耕地数量呈现出减少的趋势。同时,武汉市耕地数量变化呈现出明显的地域差异。

总体上,武汉市的耕地数量不断减少。从耕地减少的绝对量上看,1983—1988 年期间,耕地减少数量从多到少的地区分别是江夏区、主城区、黄陂区、洪山区、东西湖区、新洲区、蔡甸区、汉南区;1991—1996 年期间耕地减少数量从多到少的地区分别是东西湖区、江夏区、新洲区、黄陂区、蔡甸区、主城区、洪山区、汉南区;1997—2002 年期间耕地减少数量从多到少的地区则分别是江夏区、主城区、蔡甸区、洪山区、东西湖区、新洲区、黄陂区、汉南区;2000—2015 年期间耕地数量减少从多到少的地区分别是新洲区、汉南区、东西湖区、黄陂区、蔡甸区、江夏区、主城区与洪山区。

从年均减少量来看(图 7－6),武汉市的耕地数量随着时间的推移出现了总体减少的趋势,但是中间有所波动。1997—2002 年耕地减少有所

趋缓,这与当时的东南亚危机及我国的整个经济发展状况有关,同时中央
对土地市场的整顿有关,1997 年甚至出现了禁止出让土地的现象。

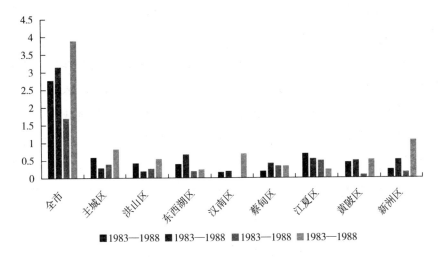

图 7 – 6　1983—2015 年四个时段武汉市耕地数量年均变化比较图　单位:10^3hm^2

Fig. 7 – 6　Comparison of Cultivated Land Changes of 1983—2015 in Wuhan City

　　从区域来看,也是出现逐渐减少的局面,减少幅度最大的是新洲区;
其次是汉南区、黄陂区与洪山区。整个主城区也是出现逐渐减少的趋势,
其中洪山区对其贡献最大。远城区方面,第一阶段减少最多的是江夏区,
第二阶段减少最多的是东西湖区,其次江夏区黄陂区与新洲区;第三阶段
减少最多的是江夏区;第四阶段是新洲区,其后依次为汉南区、洪山区、黄
陂区、蔡甸区等。

　　从耕地动态度来看,第一时段耕地变化的强度从高到低的顺序为:主
城区、洪山区、东西湖区、江夏区、汉南区、黄陂区、蔡甸区、新洲区;第二时
段耕地变化的强度从高到低的顺序为:主城区、东西湖区、洪山区、蔡甸
区、江夏区、新洲区、黄陂区、汉南区;第三时段耕地变化的强度从高到低
的顺序则变化为:蔡甸区、洪山区、新洲区、东西湖区、主城区、江夏区、黄
陂区、汉南区。第四时段耕地变化的强度从高到低为:主城区、洪山区、汉
南区、东西湖区、蔡甸区与江夏区、新洲区、黄陂区。

三、农地城市流转的空间特征

（一）武汉市耕地减少区域多集中在近郊区，尤其是城乡生态经济交错区

由前面的土地利用变化分析可以得出，耕地是农地城市流转的主要类型。从1983—2003年，除了1988年以后武昌区、青山区二区不存在农地外，其他年限内武汉市的各个区域均存在不同程度的农地城市流转现象，而且基本集中在城乡生态经济交错区。如全市7个主城区中，洪山区耕地减少量最大，四个时段减少的耕地分别为2.12、0.97、1.40和8.22千hm^2，分别为主城区耕地减少量的70.2%、67.4%、72.5%和66.08%。

（二）武汉市耕地减少强度不断提高，区域指向明显

第四时段耕地减少的剧烈程度远远超过前三个时段，而且区域变化明显。第一个时段，耕地流转最快的是主城区，其次是洪山区与东西湖区，流转最慢的是汉南区；第二时段耕地流转最快的是蔡甸区，其次是洪山区、新洲区与东西湖区，流转最慢的是汉南区；第三时段耕地流转最快的是江夏区，其次是蔡甸区、主城区、洪山区、黄陂区，流转最慢的仍然是汉南区。根据表7-3计算的数据进行分层聚类分析，结果如表7-4所示：

表7-4 武汉市四个时段耕地空间变化分层聚类表

Tab. 7-4 A Layered Cluster of Cultivated Land Spatial Differentiation of 1983—2015 in Wuhan City

	第一时段 (1983—1988)	第二时段 (1991—1996)	第三时段 (1997—2002)	第四阶段 (2003—2015)
I	主城区	主城区	蔡甸区	洪山区
II	洪山区与东西湖区	东西湖区与洪山区	洪山区与主城区	主城区与东西湖
III	江夏区、汉南区、黄陂区、蔡甸区、新洲区	蔡甸区、江夏区、新洲区、黄陂区、汉南区	东西湖区、新洲区、江夏区、黄陂区、汉南区	新洲区、蔡甸区、江夏区、黄陂区、汉南区

在前两个时段,主城区的耕地无论在减少量上,还是在耕地流转的速度上均比较大,归为第Ⅰ类,原因是这个地区经济发展较快,人口密度较大,城市化水平较高,而且耕地资源的基数本来就较少,非农产业比重大(李春华,2003);第三时段将蔡甸区归为第Ⅰ类主要是随着武汉市经济的发展与城市扩张的影响,蔡甸区的耕地流转量及变化率均较快;第四时段将洪山区归为第Ⅰ类主要是受到经济发展与城市扩张的影响,洪山区具有得天独厚的地理位置,使得洪山区的耕地流转量及变化率均较快。

前两个时段的第Ⅱ类均为洪山区与东西湖区,第三时段的第Ⅱ类为洪山区与主城区,第四阶段的第Ⅱ类为东西湖区与主城区。该区耕地数量流转的绝对量大于第Ⅰ类,但是流转速度低于第Ⅰ类地区,这类地区相对而言经济发展较慢,农业比重较大,城镇化水平较低,耕地基数较大,这类地区的耕地流转较快的主要原因是由于其处于由农村向城市过渡的区位特点和其产业结构不稳定的状态,而第四阶段的主城区被划为此类主要是由于主城区的耕地较少。

前两个时段的第Ⅲ类均为江夏区、汉南区、黄陂区、蔡甸区、新洲区,第三时段的第Ⅲ类为东西湖区、新洲区、江夏区、黄陂区、汉南区,第四时段的第Ⅲ类为新洲区、蔡甸区、江夏区、黄陂区、汉南区。与前两类地区相比较,这类地区的大部分距离主城区较远,且经济发展较慢,农业人口比重大,城市的外延暂时还未大规模地影响到该地区,所以耕地流转速度较慢。而第三阶段东西湖区被归为第Ⅲ类,主要是由于该区耕地数量不多,而且经济发展有所减缓。江夏区尽管每个时段耕地流转绝对量较大,但是由于其本身的耕地面积基数较大,其流转的速率比较低,所以将其归为第Ⅲ类。

第四节　武汉市农地城市流转市场化程度
及其时空特征

一、前人对农地城市流转市场化的研究

协调好经济发展和农地保护之间的矛盾是实现我国社会经济可持续发展战略的重要基础,而农地城市流转又是这一矛盾的焦点(曲福田等,2005)。合理调控农地城市流转,实现农地资源可持续利用,市场作为一只看不见的手,有着丰富的内涵和独特的方法(李永乐与吴群,2009)。早在1995年,王松霈先生便提出发挥市场在资源配置的基础性作用,是实现自然资源利用与经济协调发展的有效办法。2002年,国土资源部出台《招标拍卖挂牌出让国有土地使用权规定》,规定经营性土地必须以招标、拍卖、挂牌方式提供。2004年国务院出台《关于深化改革严格土地管理的决定》,明确提出推进土地资源的市场化配置,运用价格机制抑制多占、滥占和浪费土地,把耕地保护和土地市场建设紧密结合起来。2006年,国务院发布《关于加强土地调控有关问题的通知》规定工业用地必须采用招拍挂的出让方式。出让方式由低市场化向高市场化转变,招拍挂出让方式比重不断提高,土地价格逐步回归理性,城市外延扩张占用农地的数量将得到抑制(王玉堂,1999;陈志刚等,2010;苗利梅与钟太洋,2011)。功能完善的农地市场在调节土地资源配置,提高土地利用效率和社会福利水平等方面具有积极意义。为更好地发挥市场配置土地资源的作用,学者们对土地市场化程度与评估、农地非农化与土地市场化间的逻辑关系和影响作用展开大量的研究。曲福田等(2005)构建了一个农地非农化经济驱动机制的理论分析框架,并应用1995—2001年省级数据进行实证分析。结果表明地方政府的收益及地方政府的管制行为与农地非农化呈正相关关系,而土地的市场化配置程度与农地非农化的面积呈负相关关系。李永乐与吴群(2009)通过理论分析与面板数据模型相结

合的方法研究也得出土地市场发育与农地非农化之间呈负相关关系的结果。宋鸿与陈晓玲（2008）对我国大陆省区土地市场化程度的空间自相关分析得出：1999 年至 2005 年，土地市场化程度存在着显著的正空间自相关，土地市场化程度高的省区趋向于与高的省区相邻，土地市场化程度低的省区趋向于与低的省区接壤，土地市场化程度呈现出以聚集为特征的空间格局。王青等（2007）研究认为目前我国的土地市场化进程总体呈现快速发展的趋势，且由东至西在不同地区表现为逐步降低的态势，而土地市场化的区间发展差异则正在逐步减小。姜琳（2009）利用 DEA - CCR 模型和 K - W 检验评估我国各地土地出让市场化程度，结果显示，北京、四川、海南、宁夏 4 个省（区，市）是相对有效，东、中、西部三个地区的土地出让市场化程度不存在显著的差异性。许实等（2012）利用 2003—2009 年土地一级市场交易数据对中国土地市场化程度的时空差异特征进行研究得出：全国土地市场化程度总体上升趋势明显；东部地区市场化程度最高，上升幅度最大；中部地区和西部地区持续上升；东北地区在波动中上升，但是各省份之间土地市场化程度的差异正在逐步缩小。工矿仓储用地的土地市场化程度受政策的影响出现快速上升。赵雲泰等（2012）对土地市场化程度测度指标进行了分析，研究得出 2000—2009 年中国土地市场化指数呈现震荡上升的态势；崔凯（2016）构建了农地非农化行为和市场调控的经济学理论模型，认为农地非农化进程中的市场调节一方面体现在土地出让价格和利益分配，另一方面是对于土地交易的数量调控，土地市场化对于农地非农化的长期影响表现为降低或者制约作用。武汉市作为华中地区的特大城市，在其郊区农地不断向城市用地流转的过程中，探讨土地市场化程度，有利于解释目前农地城市流转存在的问题，优化土地资源配置，提高土地利用效率。

二、研究方法与数据来源

　　究竟如何优化配置土地资源，提高土地利用效率？从已有的经验来看，通过引入市场机制无疑是一条有效的途径。自 1987 年深圳市探索性地引入土地有偿使用制度以来,随着土地市场化程度的逐步提升,其对土地配置效率乃至国民经济发展都产生了明显的促进作用(赵贺,2004)。本章主要通过分析近年来武汉市土地市场化程度及其时空变化特征等问题,以便更好地理解不同阶段、不同区域土地资源的配置状况,掌握未来武汉市土地市场的发展方向,了解农地城市流转存在的问题,探讨土地市场化与农地城市流转之间的关系,以期完善农地城市流转多目标多主体的共生环境,促进农地城市流转的共生。

(一)研究方法

中国的农地城市流转市场包括土地征收市场与土地出让市场。其中,土地出让市场属于土地使用权出让市场,是土地使用者与土地所有者之间的关系,包括国有土地的划拨、招标、拍卖、挂牌、协议出让和土地租赁等方式;而土地征收市场属于政府行为。其中,影响土地市场化程度的主要是土地出让市场的市场化程度。当前的土地市场化测度方法主要有宗数比重测度法、面积比重测度法、静态系数宗数比重测度法、价款加权修正宗数比重测度法、实际—理想价款比值测度法和价款加权修正面积比重测度法。基于对武汉市土地市场结构的分析,以及各种方法的适用范围,参阅王青等(2007)、谭丹等(2008)的研究方法,本研究主要选取许实的标准交易地块面积比重法(LM_1)与价款加权修正面积比重测度法(LM_2)进行研究。

方法一(LM_1):标准交易地块面积比重法,土地市场化程度测算模型为:

$$LM_1 = \sum \omega_i Q_i / \sum Q_i \qquad (7-1)$$

式7-1中,LM_1为土地市场化程度,i为国有土地使用权的出让方式(i = 划拨、协议、招标、拍卖、挂牌),Q_i和ω_i分别为第i种方式出让国有土地使用权的标准交易地块面积及其对应的市场化权重。

综合考虑交易地块的数量和面积,对每种土地交易方式实际交易的地块面积进行标准化处理,计算出标准交易地块数。首先,根据各区域土地出让市场交易的地块总面积和地块数,计算出该区域标准地块交易的面积,即该区域理论上单位地块数所完成的土地交易面积。然后,以各年份各区域标准地块交易面积为基准,得到每种土地出让方式的标准交易地块数。标准交易地块数综合考虑了交易数量和交易面积,可以更为客观、科学地反映土地市场化程度的实际状况。具体方法如下:

$$E = \frac{M}{N} \tag{7-1-1}$$

$$Q_i = \frac{M_i}{E} \tag{7-1-2}$$

式 7-1-1、7-1-2 中,E 为标准交易地块面积;M 为区域土地交易总面积;N 为区域土地市场总交易地块数;Q_i 为第 i 种方式的标准交易地块数;M_i 为区域内第 i 种方式的土地交易面积,其中 i 表示划拨、协议、招标、拍卖、挂牌等土地交易方式。

市场化权重的确定主要依据其出让价格和与正常市场交易价格的相对值来确定(李永乐与吴群,2009)。具体根据土地市场交易情况,以各交易方式单位地价相对值确定权重。具体来说,把拍卖价格看成是完全市场化交易下的正常交易价格,其权重确定为 1,协议、招标、挂牌的平均单位地价相对于拍卖价格的比重,则为其权重。具体考虑划拨是一种典型的土地资源计划配置方式,且基本为无偿获取,在评价土地市场化程度时,定义其市场化权重为 0。

方法二(LM_2):价款加权修正面积比重测度法。以各年份招拍挂出让单价为基准,其他各供地类型的各年份单价与招拍挂单价的比值为修正系数,则土地市场化可以表征为:

$$LM_2 = \frac{\sum_{i=1}^{7} \omega_i Q_i}{\sum Q_i} \tag{7-2}$$

式 7-2 中,LM_2 为土地市场化程度;i 分别为划拨、招标、拍卖、挂牌、协议出让、租赁、其他供地方式;W_i 为市场化比重,以各供地类型的单价与招拍挂单价的比重衡量;Q_i 为各供地类型的面积。

（二）数据来源

这里所用土地市场交易面积和地块数据,来自 2010 年 1 月到 2017 年 12 月的武汉市国土资源与规划局网上的土地市场交易数据。

三、武汉市土地市场化程度测度结果

（一）根据前面的研究方法一,土地市场化测度公式为:

$$LM_1 = \frac{\omega_1 Q_1 + \omega_2 Q_2 + \omega_3 Q_3 + \omega_4 Q_4 + \omega_5 Q_5}{Q_1 + Q_2 + Q_3 + Q_4 + Q_5} \qquad (7-3)$$

式 7-3 中,LM_1 为区域内土地市场化程度;Q_1、Q_2、Q_3、Q_4 与 Q_5 分别为区域内划拨、协议、招标、拍卖与挂牌土地出让方式的交易标准地块面积;ω_1、ω_2、ω_3、ω_4 和 ω_5 分别为五种出让方式标准地块数的权重。

这里测算了 2010—2017 年武汉市及中心城区、近郊区与远郊区 3 个区域的土地市场化程度值（表 7-5）。由于商服用地、工矿仓储用地、住宅用地（含普通商品房用地）的用地性质不同,其土地市场化程度表现出较大的差异,测算出这些用地类型 2010—2017 年的土地市场化程度值及其平均值（表 7-6）。

表 7-5　2010—2017 年武汉市及三大区域土地市场化程度（一）　单位:%

Tab. 7-5　Land Marketization of Wuhan and its

Three Region from 2010 to 2017　　unit:%

	2010	2011	2012	2013	2014	2015	2016	2017
武汉市	17.81	25.35	18.69	18.68	16.82	35.52	37.64	58.81
中心城区	36.37	79.71	65.57	79.77	88.25	86.62	78.90	79.20
近郊区	19.00	10.20	34.65	44.52	36.47	32.71	55.79	97.22
远城区	6.08	6.90	7.43	8.49	4.86	8.15	5.52	12.86

表 7－6　2010—2017 年各用地类型土地市场化程度(一)　　单位:%

Tab. 7－6　Land Marketization Process of Main Land Use Types in

Wuhan City from 2010 to 2017　　unit:%

地类/年度	2010	2011	2012	2013	2014	2015	2016	2017
商服用地	17.81	30.67	64.69	64.82	63.26	96.10	81.49	94.00
工业用地	3.78	4.10	4.65	5.18	6.53	5.55	5.44	7.63
仓储用地	2.40	3.84	3.26	3.42	5.66	5.94	6.19	6.90
其他普通商品住房用地	32.29	57.00	48.71	50.70	64.43	72.41	96.88	98.21
公共用地	1.03	0.48	0.49	0.27	0.23	0.13	0.41	0.24

注:其他普通商品住房用地属于住宅用地

由表 7－5 可得:

1. 2010—2017 年间,武汉市土地市场化程度表现出明显的上升趋势,2017 年达到了 58.81%,比 2010 年上升了 41%。但是总体上市场化水平还较低(除了 2017 年高于 55% 以外,其他年份均远远低于 55%),其原因在于:其一,在 2010—2017 年这 8 年中,在 6878 起土地交易中,中心城区土地有偿交易数量为 390 起,而且交易地块数较小,这意味着武汉市近年来的土地交易大部分都在郊区,在全部的 6878 起土地交易中,有 2875 起土地交易是无偿的(占比 41.8),占有极大的比重。而在 4003 起有偿土地交易中,有 3613 起处在近郊区或者远郊区,绝大多数土地都是农地非农化取得的。其二,本研究采用标准交易地块数,分年分地区分别确定权重系数,只考虑一级市场的土地交易。许实等认为土地二级市场近乎完全竞争市场,影响土地市场化程度的主要是一级市场的市场化程度,而大部分研究者也考虑到二级市场的土地交易,这样的计算结果在相同的年份比只考虑一级市场的市场化程度高 20% 以上(二级市场接近完全市场,加入二级市场会极大拉升土地市场化率)。

2. 武汉市中心城区、近郊区以及远城区三大区域中,土地市场化程度都表现出不同幅度的上升趋势。其中,2010—2017年主城区一直保持较高水平,幅度较平稳。近郊区上升最快,幅度最大(图7-7),2017年比2010年上升了78.22%,平均上升了11.17%。上升幅度最小的远城区,年均上升了0.97%。

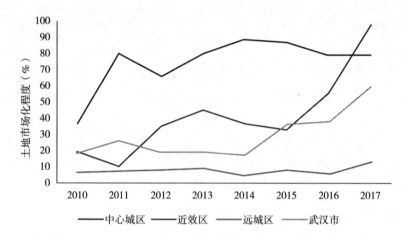

图7-7 2010—2017年武汉市及其三大区域土地市场化程度(一)

Fig.7-7 Land Marketization of Wuhan and Its Three Region from 2010 to 2017

3. 表7-6可知,2010—2017年商服用地和其他普通商品住房用地的市场化程度高,2017年分别达到了94%与98.21%,基本实现了市场化配置。从主要用地类型的土地市场化进程看,除了公共用地外,2010—2017年各用地类型的土地市场化程度都有不同幅度的上升(图7-8)。其中,工业和仓储用地的上升幅度相对较小,但表现出平稳上升趋势,2010—2017年分别上升了3.85%和4.5%,年均分别上升0.55%和0.64%。普通商品房用地的土地市场化程度上升幅度较大,分别上升了76.19%和65.92%。这说明武汉市严格执行商业经营用地市场化供给政策,但工业用地的市场化进程还需要进一步推进。

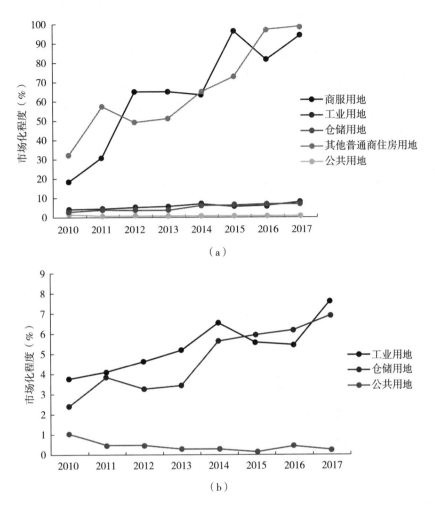

图 7 - 8　2010—2017 年武汉市主要用地类型的市场化进程（一）

Fig. 7 - 8　Marketization Process of Main Land Use Types in

Wuhan City from 2010 to 2017

4. 武汉市的土地市场化程度除表现出一定的时序变化特征外,还具有明显的空间特征:从三大区域来看,2017 年三大区域的土地市场化程度存在较大的差异。近郊区土地市场化程度最高,中心城区次之,远城区最低。这主要是由于近年来武汉市的土地供给主要在近郊区,而这种土地市场化程度在三个区域的发展态势,与武汉市经济的总体情况基本吻合。

5. 从土地市场化综合类型划分看,各区域土地市场化程度与变化幅度基本一致。2017 年三大区域的土地市场化程度分别为 79. 2%、97.22% 与 12. 86%。2010—2017 年武汉市三大区域的土地市场化增长率分别为 42. 83%、78. 22% 与 6. 78%,可见,中心城区与近郊区的土地市场化程度高于 55%,属于高水平类型;而远城区的土地市场化程度仅为 12. 86%,属于低水平类型。而三大区域的增长率都远远高于 20%,属于高增长类型。可见,武汉市中心城区与近郊区处于高水平与高增长阶段,而远城区出现了低水平与高增长并存的局面。

(二)据前面的研究方法二,土地市场化测度公式为:

$$LM_2 = \frac{\omega_1 Q_1 + \omega_2 Q_2 + \omega_3 Q_3 + \omega_4 Q_4 + \omega_5 Q_5 + \omega_6 Q_6 + \omega_7 Q_7}{Q_1 + Q_2 + Q_3 + Q_4 + Q_5 + Q_6 + Q_7} \quad (7-4)$$

式 7-4 中,LM_2 为土地市场化程度;Q_1、Q_2、Q_3、Q_4、Q_5、Q_6 与 Q_7 分别为区域内划拨、招标、拍卖、挂牌、协议出让、租赁、其他供地方式的面积;ω_1、ω_2、ω_3、ω_4、ω_5、ω_6 和 ω_7 分别为相应类型供地市场化比重,以各供地类型的单价与招拍挂单价的比重衡量;Q_i 为各供地类型的面积。

根据公式可以得出 2010—2017 年武汉市及中心城区、近郊区与远郊区 3 个区域的土地市场化程度值(表 7-7)与各用地类型土地市场化程度值(表 7-8)。

表 7-7　2010—2017 年武汉市及三大区域土地市场化程度(二)　单位:%

Tab. 7-7　Land Marketization of Wuhan and Its Three Region from 2010 to 2017

unit:%

	2010	2011	2012	2013	2014	2015	2016	2017
武汉市	17. 82	25. 47	17. 99	17. 98	15. 90	34. 03	38. 11	58. 68
中心城区	48. 05	71. 16	81. 61	86. 81	86. 86	86. 85	95. 77	97. 07
近郊区	30. 33	50. 64	48. 36	37. 63	29. 36	35. 36	62. 48	96. 92
远城区	11. 64	12. 82	11. 38	10. 02	8. 04	22. 47	21. 92	24. 49

注:采取拍卖土地的均价 4700 万元为基数,权重为各出让方式均价与其之比得来

表7-8　2010—2017年各用地类型土地市场化程度(二)　　单位:%

Tab. 7 - 8　Marketization Process of Main Land Use Types

in Wuhan City from 2010 to 2017　　　　unit:%

地类/年度	2010	2011	2012	2013	2014	2015	2016	2017
商服用地	27.82	47.90	71.05	71.24	68.81	97.34	91.28	94.82
工业用地	5.90	6.40	7.26	8.09	10.20	8.67	8.49	11.91
仓储用地	3.75	6.00	5.09	5.34	8.84	9.28	9.67	10.78
其他普通商住房用地	50.43	89.03	76.08	79.19	90.63	91.10	94.68	97.87
公共用地	1.61	0.75	0.76	0.41	0.36	0.20	0.64	0.37

注:其他普通商品住房用地属于住宅用地

由表7-7可得:

1. 2010—2017年间,武汉市土地市场化程度表现出明显的上升趋势,2017年达到了58.68%,比2010年上升了40.86%。但是总体上市场化水平还较低(除了2017年高于55%以外,其他年份均远远低于55%)。

2. 武汉市中心城区、近郊区以及远城区三大区域中,土地市场化程度都表现出不同幅度的上升趋势。其中,2010—2017年主城区一直保持较高水平,幅度较平稳。近郊区上升最快,幅度最大(图7-9),2017年比2010年上升了66.59%,平均上升了9.51%。上升幅度最小的远城区,年均上升了1.84%。

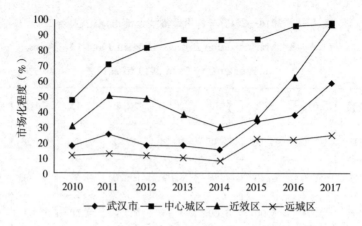

图 7 – 9 2010—2017 年武汉市及其三大区域土地市场化程度（二）

Fig. 7 – 9 Land Marketization of Wuhan and Its Three Region from 2010 to 2017

3. 从表 7 – 8 可以得出，2010—2017 年，商服用地和其他普通商品住房用地的市场化供给程度较高，2017 年分别达到了 94.82% 与 97.87%，基本实现了市场化配置。从主要用地类型的土地市场化进程看，除了公共用地外，2010—2017 年各用地类型的土地市场化程度都有不同幅度的上升(图 7 – 10)。工业用地和仓储用地的上升幅度虽然相对较小，但表现出平稳上升趋势，2010—2017 年分别上升了 6.1% 和 7.03%，年均分别上升 0.86% 和 1.00%。商服用地与普通商品房用地的土地市场化程度上升幅度较大，2010—2017 年分别上升了 67.00% 和 47.44%。这说明武汉市严格执行商业经营用地的市场化供给政策，但是工业用地的市场化进程还需要进一步推进。

4. 武汉市的土地市场化程度除表现出一定的时序变化特征外，还具有明显的空间特征：从三大区域来看，2017 年三大区域的土地市场化程度存在较大的差异。中心区土地市场化程度最高，近郊区次之，远城区最低。这与武汉市经济的总体情况基本吻合。

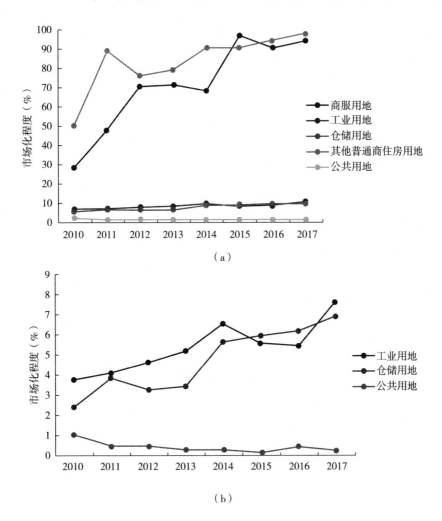

（a）

（b）

图 7 - 10　2010—2017 年武汉市主要用地类型的市场化进程(二)

Fig. 7 - 10　Marketization Process of Main Land Use Types

in Wuhan City from 2010 to 2017

5. 从土地市场化综合类型划分看,各区域土地市场化程度与变化幅度基本一致。2017 年三大区域的土地市场化程度分别为 97.07%、96.92% 与 24.49%。2010—2017 年武汉市三大区域的土地市场化增长率分别为 49.02%、66.59% 与 12.85%。可见,中心城区与近郊区的土地市场化程度高于 55%,属于高水平类型,其增长率都远远高于 20%,属于高增长类型。而远城区的土地市场化程度仅为 24.49%,属于低水平类型,增长率低于 15%,属于低增长类型。可见,武汉市中心城区与近郊区处于高水平与高增长阶段,而远城区出现了低水平与低增长并存的局面。

(三)两种方法研究结果分析

由上面的分析可得,两种研究方法的市场化程度尽管有所差异,但是武汉市及其三大区域变化趋势一致,2010—2017 年表现出明显的上升趋势。其中中心城区的土地市场化程度一直表现出高水平类型,近郊区次之,远城区最低;在增长幅度方面,中心城区与近郊区属于高幅度增长,远城区幅度较低。

在不同的用地类型方面,两种方法除了公共用地的市场化出现下降趋势外,其他各类用地的市场化程度出现上升的趋势,其中商服用地与普通商品房用地的市场化程度上升较快,基本实现了市场化的配置方式。但是工业用地与仓储用地的市场化程度较低,增长也较缓慢,这需要在今后的改革与发展中,继续加强工业用地的市场化配置。可见,在城市尺度上,这两种土地市场化测度方法差异不大,具有较强的适用性。

第五节　武汉市土地市场化程度与农地城市流转密切相关

本章在分析农地城市流转时空特征的基础上,系统评价了 2010—2017 年武汉市及其三大区域的土地市场化进程,并进一步分析了这些年武汉市土地市场化进程的时空变化特征。从研究的结果来看,无论是在时序变化方面,还是在空间布局方面,土地市场化进程都呈现出一定的规律性特征。而且这些规律与武汉市土地利用变化、武汉市农地城市流转的时空特征具有高度一致性。

一、土地市场化程度与农地城市流转数量高度负相关

（一）从总体变化趋势来看

武汉市土地市场化进程呈现快速发展的态势,近几年,出现了缓慢上升的趋势;而2000—2015年的15年间,武汉市的土地利用变化总体特征主要表现为耕地不断减少,城镇用地、工交用地与农村居民点用地不断增加的态势,但是耕地减少速度越来越趋于平缓。即总体上,土地市场化程度的提高与耕地减少的减缓出现了同步现象。

（二）从区域数量变化趋势来看

武汉市各区域土地市场化进程呈现快速发展的态势;中心城区一直保持较高市场化水平,近郊区次之,远城区市场化水平较低;同时,各区域土地市场化程度与变化幅度基本一致。即中心城区与近郊区增长幅度较大,而远城区较小。这与近年来三大区域农地城市流转的数量变化比较一致:耕地减少最快的是远城区,其次是近郊区,最后是中心城区。即市场化水平越高、增长幅度越大的区域,耕地减少的最慢,而市场化水平越低、增长幅度越小的区域,耕地数量减少最快。

二、土地市场化程度与农地城市流转空间高度负相关

（一）从空间分布特征来看

2017年武汉市三大区域的土地市场化程度存在较大的差异。近郊区与中心城区的市场化程度较高,远城区最低。从区域来看,农地城市流转中,耕地减少幅度最大的是远城区;其次是近郊区,最后是中心城区。这主要是由于近年来武汉市的土地供给逐渐由中心城区向近郊区发展,而这种土地市场化程度与农地城市流转在三个区域的发展态势,与武汉市经济的总体情况基本吻合。同时,三大区城镇用地都出现了增加的情况,这也是近年来武汉市城市化快速推进的结果。其中远城区增加的面积最大为38603 hm^2,近郊增加了4667 hm^2,中心城区增加了3156 hm^2,这

主要是中心城区的土地利用率最高的原因。农村居民点都出现了增加的情况,近郊区增加的最多,其次为远城区,中心城区最少。工交用地面积增加最多的是远城区、其次是近郊区,最少的是中心城区。

(二)耕地减少与市场化水平增长幅度最大的区域多集中在近郊区,尤其是城乡生态经济交错区

城乡生态经济交错区是城乡矛盾、城乡土地利用竞争、土地投机行为表现最为激烈的地段(张安录,1999)。从以上土地利用变化分析可以得出,耕地是农地城市流转的主要类型。同时,武汉市的各个区域均存在不同程度的农地城市流转现象,而且基本集中在城乡生态经济交错区,但是第四阶段耕地减少最快的区域为远城区,而土地市场化程度变化最大的、增长最快的也是近郊区,近年来市场化水平最低、增长幅度最慢的也是远城区。

第六节　武汉市农地城市流转共生问题分析

农地城市流转通常有计划配置和市场配置两条路径。尽管我国绝大多数产品和生产要素已完成由计划配置向市场配置的转变,但土地却是为数不多的加大审批、上收权利、强化政府垄断的生产要素之一(蒋省三等,2007)。一些地区的农地城市流转市场化改革试点表明,市场化改革有助于提高土地资源的利用效率,促进城乡土地资源的合理流动,有效保护农民的土地财产权利(钱忠好等,2012)。中国政府也在不断加大农地非农化市场化改革的力度,但是改革却举步维艰。一方面,农地非农化数量快速扩大;另一方面,农地非农化市场化水平不升反降。钱忠好等(2012)的计2008年中国农地非农化市场化水平的平均值仅为18.50%;2003年农地非农化市场化水平为20.69%,2008年这一水平降为11.45%,降了近10个百分点。

综上可见,近年来武汉市的农地城市流转市场化水平出现了逐年上

升的趋势,商服用地的市场化程度出现了波动上升的态势。但是,仓储用地及工业用地的市场化程度还较低,有待进一步提高,同时,在城市向外发展的进程中,远城区的市场化程度远远低于中心城区与近郊区。可见,在不同的用地类型、不同的区域之间,农地城市流转参与主体获取土地的方式不同,其得到的收益也相差甚远。因此,在接下来的改革中,特别需要加强工业用地与仓储用地以及远城区的土地市场化发展,避免由于土地资源的配置方式不当造成农地的大量流失。

土地市场化程度与农地城市流转出现高度负相关。如何通过提高土地市场化程度来调控农地城市流转,还需要进一步探讨,以尽量减少农地流失的规模,使农地城市流转在空间上达到均衡,确保农地城市流转的经济、社会以及生态目标的协调综合发展的同时,协调各个参与主体之间的关系,最终实现多目标多主体的共生。

综上,为进一步提升区域土地市场化水平,通过市场机制实现农地城市流转各主体的共生,有利于提高多目标的实现。因此,建议逐步减少土地资源的计划配置范围、扩大土地出让的市场化比重;其次,对于远城区的土地尽早引入市场机制配置土地资源,以防止远城区的低价流转土地造成城市的蛙跳式蔓延;同时,还应该鼓励土地二级市场的发展,促进土地使用者之间的自由交易和土地资源的高效配置,为各参与主体提供公平、公开的交易平台,通过市场的方式实现农地城市流转的多目标多主体的共生。

第八章

多目标多主体共生下农地城市流转利益冲突及其协调机制

在中央政府与地方政府农地城市流转的委托代理模式中,地方政府既是农地城市流转的运动员,又是裁判员,同时还是各种规则的制定者。因此,在中央政府难以监管且监管成本较高,土地市场化发展还不到位的背景下,以地方政府为核心的流转问题及其与各参与主体之间的利益冲突日益严重,明确这些利益冲突及其冲突的根源,有利于构建各参与主体的利益协调机制,有利于土地市场的健康发展,促进多目标多主体共生。

第一节　多主体利益冲突及其原因

一、土地市场化水平还有待进一步提高

土地市场的充分发育有利于提高城市存量和增量土地的利用效率和交易价格,使已经流转的土地得到合理高效利用,减少农地非农化数量。实践中,土地市场主要通过两条路径实现对农地非农化的作用(李永乐与吴群,2009)。一是内涵挖潜,土地市场可以提高土地利用效率,减少因土地低效利用而盲目征收农地的数量。二是外延扩张,土地市场可以提高土地价格水平。市场通过土地价格的涨落来调节供给与需求,实现土地的供需平衡,避免城市蔓延造成周边农地的大量流失,达到土地资源配置效率的最大化(图8-1)。

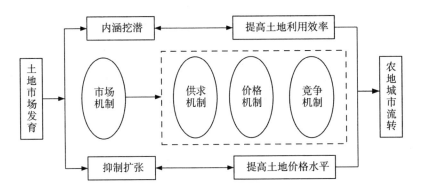

图 8 - 1　土地市场发育对农地城市流转的影响机理

Fig. 8 - 1　Two Different Ways of Influences Mechanisms of
Land Market Development on RULC

随着中国土地市场化改革的推进,全国各地市场化出让土地的方式得到了快速的发展。近年来,武汉市的市场化出让土地方式的比重也得到了迅速提高。2010 年 1 月到 2017 年 12 月,武汉市通过划拨方式供地 2816 宗,出让土地 4022 宗,其中协议出让 427 宗。划拨供地与出让土地方式比为 1.43,协议出让方式占出让方式比为 0.12。市场化出让方式与非市场化出让方式之比为 1.28,"招拍挂"出让土地的宗数和交易范围都有了稳定的提高(表 8 - 1)。但是,我们也看到武汉市近年来的划拨供地与协议出让土地的比重还很高,其中划拨用地的宗数比重于 2013 年达到了 56.14% ,2015 年也超过了供地宗数的一半,占比为 50.63% ,非市场方式供地比例连续 4 年(2013—2016 年)超过了 50% 。即使是经营性用地出让方式中,协议出让方式所占比例还比较大,而拍卖方式出让的宗地数基本可以忽略不计,挂牌出让所占比重最大,2010—2017 年间所占比例为 87.02% 。综上,未来一段时间,武汉市的土地市场化水平还有待进一步提高。

表 8 - 1　2010—2017 年武汉市土地供应方式表　　　单位:宗

Tab. 8 -1　Land Supply Way of Wuhan City from 2010 to 2017

unit：parcel

		2010	2011	2012	2013	2014	2015	2016	2017	2010—2017
划拨供地		217	206	329	727	387	440	342	208	2816
出让方式	拍卖	1	4	1	0	1	0	0	1	8
	招标	30	20	4	12	11	5	2	3	87
	协议	72	46	91	41	56	44	47	30	427
	挂牌	539	556	466	515	428	380	333	283	3500
划拨占比(%)		25.26	24.76	36.92	56.14	43.83	50.63	47.24	39.62	41.18
协议出让占比(%)		12.63	7.93	19.32	7.78	12.73	11.43	14.03	10.45	11.88
非市场化占比(%)		33.64	30.29	47.14	59.31	50.17	55.70	53.73	45.33	47.43

二、土地市场化程度的提高并未减少土地违法案件的增长

改革开放前,土地分配由政府主导,市场机制并不起作用。1986 年,土地行政管理改革,一部分土地开始进入商业使用。1988 年后,城市的闲置土地可以公开出让。进入 1990 年代,土地流转在城市中非常普遍(Cai et al. ,2009),发展商可以从政府指定的机构中获得土地使用权从事商业开发。早年的土地使用权以协议出让为主,近年来在中央政府的要求下,经营性用地公开竞拍已占据主导地位。在处理经营性土地的历史遗留问题之后, 2004 年 8 月 31 日后经营性用地必须使用"招拍挂"的出让方式。"招拍挂"出让方式在节约土地资源、提高土地资源的利用效率等方面做出了重要的贡献,对反腐败也起到了积极的作用,得到了许多学者的肯定。雨之(2005)认为"招拍挂"的出让方式能最大程度地体现公开、公平、公正的市场法则,能最大限度地体现国有土地资产应有的市场价值,也最能体现资源配置的市场经济方向。邱胜(2006)认为,通过多

年的拍卖和挂牌实践证明,市场化带来的竞争效应能更好反映供求关系,从而提高土地出让价格,充分实现国家的土地所有权与土地的经济价值。可以最大规模增加财政收入,有效地防止土地交易中寻租行为,促进政府廉洁形象的树立。相对于招标出让而言,挂牌出让允许出价者多次出价;而相对于拍卖出让,挂牌又可以给使用者更多考虑和权衡时间,可以避免企业和国家财产的损失。此外,挂牌出让过程的透明化也可有效遏制腐败行为。因此,用挂牌来替代协议、招标和拍卖是一个理想的现实选择,也是最值得提倡的(金丹和於嘉,2007)。但是,Cai 等(2009)选用了中国15 个代表性城市的土地市场 2003—2007 年的数据,利用每宗交易的土地出让价格作为因变量对出让方式进行回归,得出挂牌出让比拍卖更容易滋生腐败的结论。陶坤玉等(2010)利用 2003—2007 年的省级面板数据对不同的土地出让方式对土地违法案件的影响进行了研究,明确指出市场化程度较高的招标和拍卖出让方式则有助于遏制土地违法案件的发生,而市场化程度较低的协议出让和挂牌出让方式会对违法案件的数量和涉案面积构成正向的影响。公婷与吴木銮(2012)基于 2000—2009 年我国 2800 余个报道案例的分析,发现土地腐败案件增加的趋势,其中许多政府官员利用市场化的土地交易的漏洞为个人牟利。土地腐败案占案件总数的比重从 2000 年的 6.43% 上升至 2009 年的 22.60%。土地腐败案相对值 10 年间上升了 3.5 倍,而且许多土地腐败案发生在挂牌出让过程中。1999—2012 年,尽管湖北省每年的土地违法案件的件数有所下降,但是总件数仍居高不下。同时,土地违法涉及的面积以及耕地面积出现了剧烈波动的情况,但是 2012 年违法涉及的土地面积与耕地面积仍然高于 1999 年的违法面积(图 8-2)。可见,随着土地市场化的发展,并没有减少土地违法案件的增长。

　　综上,鉴于目前我国的城市土地出让制度存在法律法规不健全,各种出让方式均易引发诸多弊端、土地出让过程缺乏有效监管以及出让金制度不完善四大缺陷。张远索与张占录(2010,2011),陈玉光与邓子部(2012)提出了完善土地出让制度,必须从健全法律法规体系、完善土地产权制度、规范土地出让行为、改革土地出让金制度、加强土地领域廉政建设等方面,进一步改进和完善城市土地出让制度,使之更加适应城市化发展和经济结构调整的需要。

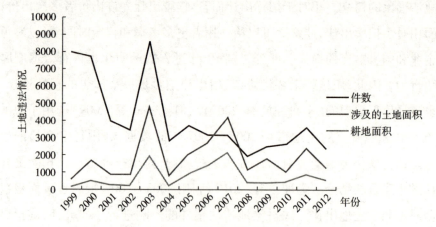

图 8 - 2　1999—2012 年湖北省当年发现土地违法案件情况

Fig. 8 - 2　Land Violation Cases Discovered in Hubei Province during 1999—2012

三、土地征收制度缺陷导致了农民土地权益受损

（一）土地征收制度是造成土地增值收益不均与利益失衡的直接原因

我国农地城市流转的唯一合法途径是土地征用或征收,这一政策规定在国家财力有限的情况下,能迅速集聚国家工业化、城市化发展所需要的资金,有效地解决政府特别是地方政府财力不足的问题(周其仁,2004)。土地利益关系受土地制度的支配,征地制度、土地储备制度等正式制度约束是造成土地增值收益归属不均和利益失衡的直接原因。集体土地产权的边界模糊和权能残缺使土地产权排他性弱化、主体处置权缺失,进而导致土地权益的错配(罗必良,2005;钱忠好与马凯,2007;黄小虎,2008)。而政府征地行为的不规范,利用其垄断地位和行政权威,独占土地增值收益,严重侵犯农民土地权益,引发了大量的社会矛盾(钱忠好,2007)。土地征收引发当代中国巨大社会矛盾的根本原因在于利益

分配的失衡,同时,造成利益分配失衡的根本原因又在于保障利益分配的制度和机制的不完善(程晓波与郁建兴,2016)。减少此类社会矛盾的根本必须重构基于利益均衡的土地征收制度和机制。通过创新土地征收机制,促使各利益主体平等地参与到土地征收过程中,从而实现利益在不同主体间的均衡分配(程晓波,2016)。黄长义与孙楠(2013)认为应从积极化解政府角色冲突、压缩土地征收中的政府收益空间、规范土地征收监管秩序和构建均衡的权力体系等方面对土地征收领域的腐败进行有效预防和治理。

(二)征地制度缺陷损害了各参与主体的利益

近年来征地制度改革取得了一定的成就,征地补偿政策的社会效率整体呈现不断提高的趋势,一定程度上说明政策调整符合社会发展和被征地农民的利益诉求(米强等,2015)。丁琳琳等(2016)的研究也表明征地后农户福利水平有所提高,总模糊指数从 0.375 上升到 0.421,但地区间存在较为明显的差异。同时,土地征收也是引起"被动性"市民化的原因之一,该过程中农民丧失的不仅是土地的产权财富,还有为整个社会发展承担的发展代价及市民化后个人发展权的损失(唐云锋等,2015)。一些地方政府采用"行政包干制",通过权力和责任的双重下放进行土地征收,避免与农民发生直接的冲突和对抗,土地征收中的矛盾就更多地发生在村庄内部。短期看,"行政包干制"的运作转移了冲突的发生场域,防止了冲突的升级和集中爆发,进而降低了地方政府的执政风险。但从长远来看,"行政包干制"中普遍存在的利益激励导向消解了基层组织的公共性,并非一种稳定的治理机制(郭亮,2015)。另外,土地换社保只能解决一代人的最低社保问题,不能保障农民的就业和后代的生计。给农民留一部分建设用地发展第二、第三产业,既可解决农民就业,获取劳动收入,又可使农民凭借土地,获取财产性收入,使农民的长远生计有保障(黄小虎,2008)。征地补偿和安置制度的界限长期以来一直模糊不清,导致征地矛盾频发和制度改革受阻(齐睿等,2015)。土地征收的过程中,农民权益保障与国家经济发展的权重关系并不完全由主观的政策意志所决定,而是更多地受制于特定时期经济发展水平、民众权利意识和国家行政干预三者之间的博弈格局。换言之,贯穿于整个征地过程的是经济权力、社会权力和行政权力的互动关系。重构征地制度,实际上就是通过平衡这三种权力的博弈格局来完善土地规划、征地谈判和失地安置的制度(林辉煌与欧阳静,2015)。

(三)武汉市供地基本来源于增量市场

伴随着城镇化,我国农地非农化面积不断增加,截止到 2013 年年底我国已约有 688.88 万 hm² 耕地转变为非农利用,由此产生大量失地农民。有学者预测,到 2030 年我国失地农民人数将超过 7800 万(周毕芬,2015)。近年来,武汉市农地城市流转面积也呈现不断增加的局面,2008—2017 年共征地 3885 批次,主要集中在远城区与近郊区的洪山区(图 8 – 3 与 8 – 4)。

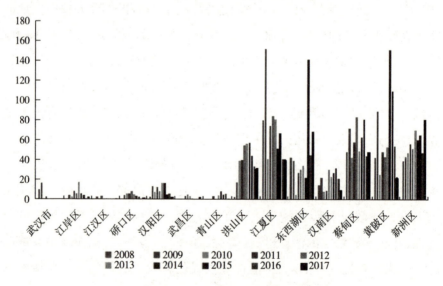

图 8 – 3   2008—2017 年武汉市各区域征地情况分布图

Fig. 8 – 3   The Distribution on Land Acquisition

of Wuhan City during 2008—2017

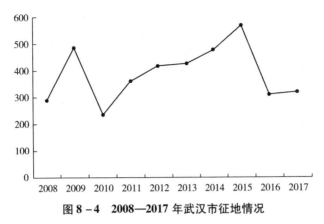

图 8 - 4　2008—2017 年武汉市征地情况

Fig. 8 - 4　The Distribution on Land Acquisition of Wuhan City during 2008—2017

从图 8 - 3 与 8 - 4 可见,2008—2017 年武汉市征地情况出现了波动起伏的状况。不同的年份,武汉市征地区域指向明显:2008 年与 2009 年主要集中在江夏区,2010 年主要集中在蔡甸区,2011 年主要集中在江夏区,2012 年集中在江夏区与蔡甸区,2013 年主要集中在江夏区与新洲区,其次为洪山区,2014 年主要集中在黄陂区,2015 年在东西湖区,其次是黄陂区,2016 年主要集中在黄陂区,其他几个区域比较均匀,2017 年主要集中在新洲区,其次是东西湖区和蔡甸区。

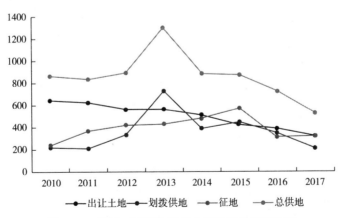

图 8 - 5　2010—2017 年武汉市征地与供地对比图

Fig. 8 - 5　The Comparation of Land Acquisition and Land Supply
of Wuhan City during 2010—2017

从 2010—2017 年武汉市征地与供地情况对比图来看,除了 2013 年总供地宗数大幅度增加外,征地与供地趋势基本一致。这说明武汉市近年来,城市建设用地来源主要还是增量土地,即主要通过征收农村集体所有的土地,通过农地城市流转的方式来实现,而存量土地的供地情况比较稳定。

第二节　多目标冲突及其原因

农地城市流转过程中,尽管实现了土地价值的增值(李晓丹,2016),但是也导致了城镇周边农用地,特别是优质耕地大量减少、生态环境问题突出、失地农民生活质量下降等社会问题。农地资源不仅具有经济生产功能,还具有大气调节、涵养水源、保持土壤成分、休闲娱乐等多种生态功能,而这些功能在市场中没有以价格的形式体现出来,没有包含在农地的现实价值中,造成了因市场失灵而导致农地非农化的过度损失,如代表东、中、西部地区的江苏、湖北和甘肃省的农地非农化过度损失分别为31.58%、38.13% 和 43.85%(许恒周等,2011)。当然,农地非农化是一种复杂的经济社会现象。曲福田(2005)提出了这一研究现象的概念性思路,将农地非农化损失区分农地非农化的代价性损失和过度性损失。陈兴雷(2011)以南京市为例探讨了城市扩展过程中的农地非农化情况,研究认为南京市存在代价性消耗与过度性消耗,而政府失灵是农地非农化过度性消耗的主要原因。在置信水平为 70% 时,代价性消耗占农地非农化总量的 40.86%—50.42%。在置信水平为 70% 时,政府失灵导致的过度性消耗量占全部过度性消耗总量的 91.80%—96.49%。由于残缺的资源价值体系及农地资源的价格扭曲,造成人们决策过程没有或极少考虑具有社会生态价值的农地资源在非农化过程中的隐性消耗。如2000—2007 年,江苏省因农地非农化导致的农地资源社会生态总价值的

损失达到 9.93×10^6 万元(许恒周等,2010)。2000—2009 年陕西省损失农地的总生态价值为 636 636.53 万元(贺晓英等,2012)。随着农地城市流转规模的增加,农地的非市场价值,即农用地的社会价值和生态价值均在逐年增加,生态价值已经是其主要组成部分,在农用地损益价值中,85%—90% 是生态补偿价值(杜静,2016)。

一、不同主体的目标冲突及原因

(一)中央政府与地方政府之间的目标冲突

随着我国各地大力推进城市化建设,农村集体土地内含的经济价值逐渐高升,大量农用土地转变为建设用地,这一社会现象的背后牵动了各方利益矛盾,如粮食安全与城市发展的矛盾;集体农民与当地政府的矛盾;公共利益与商业利益的矛盾。在这一现象中,政府又扮演着举足轻重的角色,因为只有政府被赋予法定权力可以变动土地用途,而公共利益是土地征收的唯一合法目的,但什么是公共利益及公共利益行使范围,宪法和法律都没有给出明确规定。因此,由政府滋生出的滥用公权、钱财腐败、官商勾结引起了社会的强烈关注,土地违法行为严重损害了人民的合法权益,影响政府公信力(苗子豪,2017)。从《国土资源年鉴(2003—2007)》的统计数据来看,2003—2006 年,全国年查处土地违法案件由 125636 件下降到 90340 件,但平均涉案土地面积却由 0.41hm^2/件大幅上升到了 0.77 hm^2/件。这说明土地违法案件中大案要案的比例增加了,其根本原因是中央政府和地方政府在土地利用管理方面的政策目标不同。中央政府更多地从国家全局利益的角度出发,更关注宏观经济可持续发展、国家粮食安全和社会稳定等问题。而地方政府更看重本地区局部的、短期的发展目标,如 GDP 增长、基础设施建设、土地收益对财政的贡献等。在处理保护耕地和农地非农化的问题上,中央政府和地方政府的优先目标并不完全一致(李名峰等,2010)。因此,作为中国土地管理体制的重要改革措施之一,省级直管和中央土地督察制度的建立对于完善垂直型土地管理体制以及遏制土地违法案件具有重要作用。省级直管制度使得省级政府具备了对县市政府的土地违法行为有效的监督与管控,但是却难以克服省级政府与县市政府所出现的合谋,而配合土地督察制度则可以有效地降低他们之间合谋的可能性(黄顺绪等,2013)。

(二)地方政府与开发商的目标冲突

如前所述,地方政府更看重本地区局部的、短期的发展目标,如 GDP 增长、基础设施建设、土地收益对财政的贡献等;地方政府官员则为了政绩在 GDP 增长等方面展开竞争。而开发商作为理性的"经济人",其主要追求的是土地开发经济效益的最大化,于是在城市中心土地越来越稀少,开发成本越来越高的情况下,倾向于大规模地在郊区低价拿地。但是如果其与地方政府的目标一致,开发商与地方政府容易形成合作,造成大量农地向城市流转。

(三)地方政府与农民之间的目标冲突

在快速工业化与城市化发展进程中,大量农用地被地方政府征收,而农地征收必然引起土地权益的重新调整,诱发各种土地冲突矛盾的爆发和扩散,最为普遍的就是征地冲突矛盾(邹秀清等,2012)。在现实生活中,征地冲突的对立双方往往是地方政府和失地农民,造成冲突的直接原因多半是地方政府出于自身利益考虑违法强行征地,而农户为了维护自己的土地权益,往往自发组织起来维权,中央政府为了维护社会的稳定,往往会对地方政府的征地行为进行监督,并对违法征地现象进行查处。地方政府是征地冲突的诱发者,因为违法征地可以给地方政府带来巨额收益,同时,地方政府具有信息、资源等方面的优势,而且在土地管理制度中地方政府和中央政府又是委托代理关系,只要农户不进京上访,中央政府一般不会查处地方政府的征地问题,因此,地方政府违法征地的倾向更大。农户作为征地过程中的直接利益者,对于征地具有一定的矛盾性,希望征地带给他们眼前的大量补偿费用,又希望留有一定的农地。他们作为征地冲突的行动者之一,往往通过比较极端的方式解决冲突问题;而地方政府在征地过程中具有双重身份,一方面是贯彻征地政策,在城市化建设进程中保护农户的利益;另一方面是为增加地方财政收入、满足政绩需要,客观上成为房地产开发商圈地的"代理人",低价征收农户土地而获取巨额土地出让收入和寻租收益。可见,在征地过程中,农户和地方政府的目标存在冲突。

二、同一主体的多目标冲突及其原因

农地城市流转的实质是土地资源合理配置的问题。农地与土地利用的多功能性决定了土地利用效益的多样化,在城市化发展进程中,农地城市流转不仅为城市化源源不断地提供增量土地,而且促进了土地利用效率的提高。但是其社会经济效益和生态效率之间的耦合协调度出现不稳定发展状态,尤其是生态效率的增速较缓且有波动性。甚至出现土地利用程度与经济发展不协调的情况,农地城市流转并没有促进经济的发展,反而造成了农地资源的浪费,危及粮食安全。可见,政府在进行农地城市流转时,其所考虑的经济目标、社会目标及生态目标具有一定的冲突性。王雨晴与宋戈(2006)从社会效益、经济效益、生态效益三个方面来构建土地利用效益评价指标体系和协调度分析模型,将14个特大城市的土地利用协调度分值作为算术平均值,有71%的特大城市位于此水平之下,低效益的城市所占比重十分突出,当然这也从另一个侧面说明中国特大城市原有的土地尚具有较大的效益增长空间。付妮嘉(2007)对我国35个大城市土地利用综合效益进行研究后也得出:35个城市中城市用地效益发展较好的城市主要集中在东部长三角地区、珠三角地区及以京津地区为核心的环渤海地区,发展较弱城市多集中于西部地区。其中,珠三角土地利用综合效益居于首位,长三角经济、社会效益大于京津冀,生态效益低于京津冀;土地利用经济—社会—生态效益均为拮抗与低水平耦合等级,社会—生态效益耦合强于经济—社会,经济—生态效益耦合较弱(倪维秋,2016)。华敏(2017)对长江中游城市群30个城市土地利用效率和经济发展水平进行测评得出:长江中游城市群城市土地利用效率与经济发展水平的耦合度整体呈上升趋势,城市类型中以中、低度耦合城市为主,时间序列上表现为低度耦合的城市数在减少而较高度和高度耦合的城市数均有所增加,说明长江中游城市群城市土地利用效率和经济发展水平之间的相互作用程度越来越高(杨丽霞等,2015)。环渤海地区土地利用效益的空间分异性与集聚性特征显著:经济社会效益中高值区主要分布在沿海地区和内陆平原区,生态效益高值区以冀西北间山盆地、坝上高原和辽宁山地丘陵区为主。从土地利用效益耦合度类型看,环渤海地区磨合阶段区域数量最多,占该地区的63.9%;低度耦合、拮抗阶段的区域呈带状环绕环渤海北部地区;高度耦合区域呈现出散乱的点状空间分布格局。协调发展度指数显示,轻度失调区占据主导地位,其次是初级协调区域,滞后失调区域数量较少,分别占环渤海地区总面积的51.09%、31.76%和10.87%(王国刚与刘彦随,2013)。东北三省34个地级市并没有城市处于土地利用效益与城市化水平同步型的发展阶段,而是全部位于滞后型或超前型的状态,且滞后型成为主流趋势。协调程度呈现出明显的"中心—外围"空间递减分布趋势,即越靠近中心城市协调度越高、越远离中心城市协调度越低的发展格局(张明斗与莫冬燕,2014)。在城市内部,土地利用程度与经济发展协调情况也出现类似的现象。陈莹等(2017)对武汉市、主城区、远城区的土地利用程度重心、经济发展重心迁移及耦合协调关系进行分析得出:在土地利用程度和经济发展的耦合协调性上,主城区较为和谐;远城区经济发展和土地利用程度基本处于不协调的状态。土地利用的社会经济效益和生态环境效益的耦合关系有所增长,但是有所波动(张光宏与马艳,2014)。武汉市土地利用社会经济效益与生态环境效益均呈上升态势,其中社会经济效益表现出起点低、增幅大、速度快的特征,而生态环境效益则呈现出起点较高,增幅较大,在波动中稳定上升的特点。1996—2010年,武汉市城市土地利用社会经济效益与生态环境效益的耦合演化进程近似于对数曲线,从形成初期的不协调至激烈博弈后的利益分化,之后经历相对最佳协调后,又逐渐向不协调发展并呈现新的演化特点(熊征等,2015)。

第三节 利益协调原理

随着社会经济的快速发展,城市急剧扩张导致建设用地需求的不断增加,过分强调土地利用经济效益导致农业用地快速向非农业部门转移,各地在获取巨额土地增值收益的同时也引发了关于粮食安全和社会稳定方面的担忧。在我国构建两型社会的过程中,归根到底必须协调好人们的利益关系。为此,必须加强社会利益协调机制建设(殷焕举,2005)。只有建立健全利益分配机制、利益均衡机制、利益诉求机制、社会利益协调机制等内容,才能保证我国经济与社会的健康、稳定、协调发展。由于农地城市流转制度的不完善、土地增值收益分配的不合理等,土地违法现象时有发生、土地冲突不断。如何协调好农地城市流转中多个主体之间的利益冲突、实现各种目标的均衡发展是农地城市流转决策的关键。

一、平衡利益的协调原理

温家宝同志在 2011 年 12 月召开的中央农村工作会议上强调,推进集体土地征收制度改革,关键在于保障农民的土地财产权,分配好土地非农化和城镇化产生的增值收益,不能再靠牺牲农民土地财产权降低工业化城镇化成本,有必要、也有条件大幅度提高农民在土地增值收益中的分配比例。可见,我国集体土地征收制度改革的关键在于保障农民的土地财产权,分配好土地在征收出让过程中产生的增值收益,在各方主体的利益需求与矛盾冲突中寻找一种新的制度平衡(周建亮等,2012)。

大量的农村土地转化为非农业用地,失地农民数量急速增加,并对社会稳定与发展构成了很大的压力。与此同时,农地在非农化过程中形成了巨额地租。如何根据稳定与发展的需要构建协调各级政府、集体、失地农民、企业等相关主体的利益分配机制已经成为非常重要的问题。罗丹等(2004)认为无论是国家征地模式、集体土地直接非农化模式,还是国家征地并部分返还的模式,要协调好相关主体的利益,应当遵循社会稳定标准和社会公正标准。通过芜湖、广东、重庆三地模式实践研究,分析三地模式实践安排和利益协调机制的利弊,发现三种模式在促进土地资源优化配置和集约利用、实现土地与资本市场的流动均起到了良好作用,但是利益协调机制的差异导致其适用性不同。广东模式适用于经济发达地区,芜湖模式更适用于中部发展中地区,西部欠发达地区则可借鉴重庆模式。鉴于此,各地区在推动农村集体建设用地入市时,需结合区域特点和经济发展方向,选择不同的集体建设用地入市路径(石敏俊等,2015)。中国转型期所表现出来的土地纠纷特点和新问题是过去隐性化的人地耦合与偏离之间的矛盾在当代被激化与显性化(胡勇与陈利根,2009)。要化解当前的土地纠纷,需要立足于土地系统的实际,从利益协调与利益表达的角度,探讨具体的利益主体协调机制与利益表达机制。楼戬(2005)通过对影响土地制度变迁的因素和相互冲突的政策目标分析表明,在现有土地产权安排的探索性主张中,没有哪个方案是充分可行的。土地收益的分配是土地问题的核心,建立以合作博弈为核心的平衡利益的土地制度是必然的选择。

二、公众利益优先的协调原理

漠视或规避多主体间的利益冲突是传统区域规划失败的根本原因,维护公共利益是区域规划的本质要求(谷人旭与李广斌,2006),也是农地城市流转制度的本质要求。对于农民而言,耕地保护收益低下,而且微观主体的趋利行为和风险偏好导致各主体做出逆向选择,造成耕地保护的"公地悲剧"。因此,通过市场机制是很难实现耕地保护的目标,必须加入行政机制。在耕地保护收益被严重低估和耕地资源利用未发挥到最高最佳的情况下,耕地保护是为了国家粮食安全的公众利益,要提高人们耕地保护的意愿,得依靠"两大支柱"。一是提高收益。实施耕地保护的区域经济补偿,以矫正耕地保护的外部经济性,让耕地保护者真正有利可图;二是协调发展。遵循耕地保护机会成本和耕地资源禀赋的区域差异,统筹区域土地利用,使耕地保护成为实现农业区域专门化,实现规模经济和集聚效益的手段,建立区域协作与联动机制,促进生产要素的合理流动(吴泽斌等,2010)。朱新华等(2008)将"经济人"概念引入耕地保护制度的供给与执行过程,分析各参与主体最大化自身利益的反应对制度执行效果的影响。分析表明:在现行耕地保护制度框架下,基于利益最大化的追求,各参与主体与耕地保护之间存在着复杂的利益冲突。应从创新政府治理结构,完善权力制约机制;完善公众参与机制;建立健全利益补偿和救济机制等方面来解决耕地保护制度中利益冲突。多主体目标差异诱发经济增长与耕地保护的矛盾,而对于个体而言,耕地保护的成本高,收益低。在委托—代理制度下,地方政府具有"双重的角色",其更加重视经济发展而忽视耕地保护;而中央政府无法对其他利益主体的行为进行有效的监督管理,出现耕地保护中的政府失灵。因此,耕地保护需要从国家粮食安全,从公共利益的视角出发,调动参与主体尤其是地方政府与农民进行耕地保护的能动性与主动性。

第四节　利益协调机制

明确利益分化产生的原因则是进行利益协调的关键,在此基础上通过市场机制、行政干预等方式进行利益协调,同时完善人们的利益表达渠道,促进农地城市流转多主体多目标的共生,从而构建一个稳定、和谐发展的社会(王刚,2005)。1999—2015 年,全国土地出让收入总额为 27.29万亿元,年均 1.6 万亿。现行土地收益分配机制极大地调动了地方政府发展经济的热情,为中国经济实现赶超提供了独特优势(蒋省三等,2007;张五常,2017)。但是严重的行政干预、政府和农民高度不对等博弈所引发的效率、公平问题也日益突出,增加了现行土地制度的成本。保障征地过程中程序性权利,有助于提高农民的满意度,进而降低征地的阻力。影响农民满意度主要有补偿费用、交易过程以及后续保障三个方面

（陈英，2016）。可见，利益协调机制的构建不仅仅在于农地城市流转利益的分配，还在于分配过程的参与性、通畅性以及公平性等。

一、权力制约机制

无论在征地过程中，还是土地出让过程中，地方政府的违法现象时有发生，农民权益受损，中央政府的监管成本不断攀高。因此，如何预防农地城市流转过程中的违法行为，关键要建立完善权力制约机制。

（一）界定公共利益

伴随着市场化改革进程的深化，地方政府"经济人"属性日渐强化。由此而产生的地方政府逐利行为不断加剧，集中表现为地方政府与民争利、地方保护主义严重、权钱交易的寻租行为盛行等。必须合理界定地方政府利益边界，完善地方政府考核机制，健全地方政府权力约束机制，消弭和矫正地方政府的不当逐利行为，使其更趋向于社会整体的公共利益（何秀玲与李登周，2013）。

（二）缩小征地范围

土地征收造成的各种利益纠纷与冲突引起了社会的普遍关注，对社会稳定造成了一定的负面影响，土地征收引发的社会稳定风险更是关乎我国和谐社会的构建。当前土地征收引发的社会稳定风险值为67.67%，达到重大风险等级；补偿安置环节的社会稳定风险值最大，达到75.03%，其次为土地征收环节和生产生活环节。为此，应从土地征收、补偿安置与生产生活环节出发，建立具有可操作性的社会稳定风险评估指标体系，而土地征收政策的重点于在创新征地补偿安置方式、依法界定征地补偿对象资格等方面（王良健等，2014）。

（三）加大违法成本

土地出让领域腐败有着深刻的制度和法律根源，涉及土地供应、出让与管理制度、廉政制度、财政管理制度、政绩考核制度、立法体制及法律本身问题等方面。治理中国土地出让领域腐败必须从完善制度和立法两方面入手(黄涛与袁柏顺,2011)。而征地冲突中,以中央政府、地方政府、农户三者之间的动态博弈模型的均衡概率找出引起征地冲突的关键因素,以期为政府制定和完善征地相关政策提供理论依据。地方政府采取违法征地的概率与中央政府的监督检查成本、农户的维权成本呈正向关系,与对地方政府的经济处罚和农户维权后征地补偿标准的提高呈反向关系;中央政府采取监督检查的概率与地方政府违法征地的收益呈正向关系,与对地方政府的经济处罚和政绩的损害呈反向关系;农户维权的概率与地方政府违法征地时的收益呈正向关系,并与农户维权成本、地方政府征地补偿标准的提高和对其政绩的损害呈反向关系。因此,降低中央稽查和农户维权成本、降低地方政府的违规收益,提高征地补偿标准,加大对违法征地的惩罚力度,使利益主体博弈行为趋于合理,可以避免或减少征地冲突的发生(邹秀清等,2012)。

(四)提高农民参与权

农民作为农村土地承包权的主体,其在农地城市流转中,获得的是安置补助费、青苗补偿费以及地上建筑物的补偿费。但农民作为私人利益和少数人的代表,关注的是自身效益的最大化。随着城市化进程的加快,城乡差距的扩大,其在农地保护方面具有矛盾性。一方面希望自己的农地得到保护,长期拥有;另一方面,种地收益低,大部分农民还是愿意将其释放。对于以生产粮食为主的地区而言,耕地保护量大、任务重,在为保障国家粮食安全做出了很大贡献的同时,收获的经济效益却相对低下。产生了"种地不如种房子""保护耕地就是保护落后"等错误认识,缺乏保护耕地的主动性和积极性。因此,农民和基层政府作为耕地保护的主体,理应获得必要的经济补偿和转移支付,对这些保护耕地的地区和农民给予合理的经济补偿,显得尤为急迫和必要。同时,在新一轮农村土地制度改革之际,明晰赋予承包权与经营权应有的法律地位和权能,提高农民参与权,支配权也是构建权力制约机制的重大组成部分。

二、利益合理分配机制

耕地是宝贵的稀缺资源,具有多重的社会价值。而随着城市化、工业化的快速发展,整个社会面临着经济发展与耕地保护的"两难困境"。耕地资源稀缺性与质量差异性、耕地利用的分散性和信息的不对称性,以及耕地保护的外部性,导致了耕地保护任务的复杂性和艰巨性。而耕地保护涉及社会多方主体,实质上就是相关主体之间利益再分配的问题(郑莉晶,2012)。因此,首先需要建立耕地保护的激励机制与耕地非农化的约束机制。要建立良性的耕地保护机制,需要各利益主体都能立足社会整体效益,将耕地保护放在社会发展的重要位置,同时协调社会各利益主体之间的关系。政府是耕地保护的主导力量,要为其他利益主体营造良好的外部条件,包括建立健全耕地保护机制与体制,转变政府职能,加大财政补贴等内容。通过改善农资条件、发展现代农业,提高农业生产的比较效益,鼓励农户发展环境友好型农业。此外,积极推进农村环境自治组织的发展,形成自觉保护耕地、重视生态的氛围和约束环境,从而有效影响农户的行为。

其次,需要构建合理的农地城市流转利益分配机制。我国耕地保护政策没能达到预期的目标,其深层次原因是耕地保护中所涉及的多样化利益关系没能得到科学的管理,耕地保护主体的利益在土地开发利用过程中未能得到公平的保障和有效的协调(吴泽斌,2011)。农村集体土地增值收益分配是当前中国土地管理中的重要难题之一。张远索等(2015)通过从"公共利益"的认定、利益分配理念与制度建设历程、征地的补偿标准、土地发展权的设置等方面研究英美土地增值收益分配制度,认为明晰"公共利益"内涵、加强公众参与程度、提高征地补偿标准、试点土地发展权、加大财政转移支付力度等是中国土地增值收益分配制度设计的应有取向。

三、公众参与机制

公众参与涉及三个基本的理念:其一,参与是公众被赋权的过程,是公众的发展权得以维护和保障的过程;其二,参与是公众维护自身利益并实现自身利益的过程;其三,参与社会公共事务的管理是公众的一种责任。公众参与对于建设社会主义政治文明、推动社会主义市场经济的健康发展及构建社会主义和谐社会都具有重要作用。近年来,我国公众参与有了长足的发展和进步,但存在公众参与渠道少、组织性质单一、参与制度不够完善、公民参与意识较薄弱等问题。对此,应从观念、技术及制度的层面构建我国公众参与机制(王彩梅,2006)。一些地方政府对被征地人参与权和主观意愿的漠视是目前我国征地冲突、暴力强拆等严峻社会问题频发的根源。当前我国土地征收制度中公众有效参与机制的缺失,导致程序正义与实体公正无法得到保障(张孜仪,2014)。在我国目前的行政架构下,在土地市场管理中引入公众参与可以在一定程度上提升管理水准,取得较好的管理绩效。公众参与土地市场管理的途径主要有:咨询与交流、听证制度与互动机制。要使公众参与有实效,必须提供相应的保障措施。即政府有关部门自身改革是公众参与的前提,培养团体意识是公众参与的基础,建构参与程序是公众参与的关键环节(周滔与吕萍,2007)。

土地征收作为当前土地冲突高发领域,如何完善公众参与机制是解决其矛盾的主要途径。目前公众参与在土地整治(杨磊等,2012;石峡等,2014)、土地利用规划(冯文利,2003;诸培新等,2005;陈美球等,2008)、土地复垦(张弘等,2013)等方面的研究较多。公众参与是民主政治的重要方式,普遍存在于现代民主国家之中(李雅兰,2012)。中国的一切权力属于人民,公众有权真正地参与到政治、经济、社会事务中,土地管理亦需要公众参与。王健等(2016)在分析比较公众参与在土地征收中的制度状态与实际操作后,结合案例分析和制度经济学的理论方法,以台湾典型土地征收案中的公众参与为例,建立由主体边界、权利边界、途径边界三要素组成的"新"公众参与边界分析框架。研究认为制度化、可操作化土地征收的公众参与边界,建立利益相关者合作博弈决策机制,允许一定的弹性空间,有利于实现公共参与的阶梯式进步。卢圣华等(2017)基于2015 年浙江省杭州市的抽样调查数据,从村域制度信任、村域民主、村民个体网络关系与村域合作 4 维度衡量社会资本对征地拆迁后农户生活状况的影响进行分析。研究认为在征地制度改革的过程中,充分发挥村域社会资本的作用,在土地问题上号召更广泛的公众参与,对征地拆迁农户的生活状况是有利的。我国的土地征收制度不仅是为实现"公共利益"而取得土地,其具有更为复杂的目标,使得制度设计的初衷无法有效实现。所以,必须从根源上审视土地征收制度的目标,厘清参与者的利益取向和行动选择,打破政府对土地供给的垄断,明确土地征收的范围和裁决机制,提高透明度和公众参与性的基础性改革(陈拓,2014)。只有让被征收者进入到土地征收程序中来,才能保障被征收人的合法权益,才能减少土地征收过程中的矛盾,才能在土地征收中达到公权力与私权利的平衡(王海霞,2014)。

关于如何构建与完善公众参与机制,彭錞(2017)以内部视角描述我国集体土地征收决策制度的现状,回溯其历史由来。认为我国集体土地征收决定具有非本地化、非个案化的特征,本质上是通过政府内部封闭的层级审批,将自上而下形成的空间规划在微观层面予以延伸和落实。这种独特的制度源于改革开放前依经济建设计划审批征地的做法,从 20 世纪 80 年代中期至 1998 年《土地管理法》逐步细化收紧,其核心目的始终在于确保上级政府对下级政府征地行为的控制,防止征地权滥用,减少征地浪费。但这种自上而下的封闭决策机制面临三种困境,即审批效率不高、控权实效不彰和民主公开不足。现实可行的改革前景在于打破征地决定不可诉的制度障碍与认识误区,强化司法机关对征收决定的合规性审查,同时逐步提高代议机关及公众在空间规划编制过程中的话语权。欧胜彬与陈利根(2014)以公共政策阶段启发模型为分析框架,对发源于安徽的"家庭承包制"和广西的"互换并地"两个典型农村集体土地流转案例进行比较分析。分析发现两个案例在公共政策过程中,均属于自下而上,具有自发性、公众参与度很高,对生产力发展起到显著作用。但是,前者具有广泛性,处于公共政策制定阶段;后者具有局部性,处于公共政策执行阶段。但是无论处于哪个阶段,农村集体土地流转制度创新具有公众参与性。

四、完善市场机制

在供给侧改革背景下,土地制度创新的总体思路是:按照"发挥市场在资源配置中的决定性作用和更好发挥政府作用"的指导思想,结合供给侧改革的目标任务,根据需求结构的变化,创新土地制度,优化土地供应结构。土地制度创新的主要路径是:以创新土地供应制度为重点,优化新增建设用地的供应结构;以创新土地用途管制制度、土地收储制度和土地收费制度为重点,优化存量用地的供应结构;以降低企业拿地成本和用地成本(卢为民,2017)。要实现这个目标,关键是建立与完善市场机制。土地征收市场除了公共利益之外,还有非公共利益的征收行为。建议通过市场机制,与农民谈判的方式、给予农民完整的参与权;土地出让市场化程度还需要进一步提高,从用地类型上看,工业与仓储用地的市场化程度还很低,从城市区域上看,城市的远城区土地出让市场化程度还未得到应有的重视,因此,需要进一步完善土地供应的市场化机制,防止远城区土地的大量流失。

第九章

促进农地城市流转多目标多主体共生的政策启示

　　农地城市流转是一项复杂的系统工程,不仅涉及多个主体,而且具有多个目标。不同主体的流转目标之间还存在一定的冲突。在现有土地制度政策下,在农地城市流转的市场机制还不完善的情况下,农地城市流转的共生系统还处于共生的初级阶段,有的共生单元之间还属于点共生、偏利共生,损害了弱势群体的利益,同时也造成了国有土地资产的流失。因此,要促进农地城市流转多目标多主体的共生,还需要从共生系统本身,包括共生单元(主体)、共生目标、共生模式以及外部环境入手,完善农地城市流转相关制度的同时,构建有效的农地城市流转市场机制。

第一节　共生单元

一、政府

　　我国土地产权制度的一个显著特点是农村及城市郊区土地归农民集体所有,城市土地归国家所有。集体土地要改变农用用途、成为建设用地,唯一的合法途径是国家"征用"或"征收",这直接导致了国家对一级土地市场的垄断、对集体土地的入市限制。在经济学的研究中,从广义概念上讲,政府就是国家(罗必良,2005)。在城市化发展的进程中,农村土地集体产权向国有产权的单向转移涉及的利益主体最为复杂。由于农民集体行动的困境,使得农地城市流转中的增值收益绝大部分被地方政府与开发商所攫取(王紫东与杨江潮,2010)。在土地管理中,中央政府与地方政府为委托—代理关系,在这种关系中,中央政府与地方政府两者的偏好、目标出现了偏差。中央政府的目标是长远的,主要着眼于国家安全、粮食安全、耕地保护等;而地方政府的目标却发生了变异,为了尽可能维持其收支平衡并最大限度地追求 GDP 增长率,其运用"为了公共利益而使用的征地权"这一垄断权力,低价征地,高价出让土地使用权,攫取蕴含在"公共领域"中的高额租金,造成了农地的大量流失。作为个体的农民,在与地方政府"征地"的谈判中,始终处于劣势地位;中央政府也无法有效监督地方政府行为,导致地方政府将集体土地作为"招商引资"、推动地方经济发展的筹码,进一步强化了农地流失的可能性。

因此,仅仅以现实的直接决策人地方政府作为决策主体,进行模型构建,很难实现多个目标与多个主体的共生。产权经济学认为,产权是一束权利的组合,包括使用权、收益权、转让权等。目前在我国《宪法》《土地管理法》等法律法规中并没有明确农地发展权,但在实践中,却存在农地发展权的问题。因此,将农地发展权由中央政府行使,构建一个社会理性决策者(现实中可为中央政府),来协调地方政府、村民、开发商及其住宅需求者各主体之间的关系,其理论更加有利于政策的制定,更加有利于流转目标的实现。即使将农地发展权赋予农民个体,由于各种原因,农民在行使农地发展权的时候,也无法与地方政府讨价还价。在中央政府行使农地发展权的时候,可以有效地遏制地方政府的机会主义行为,确保公共利益的征地行为。同时,以农地发展权代替"征地"垄断权,将农地非农化的收益以补贴的形式返还于农民,尽可能使得农民分享到城市化与工业化的成果,这在一定程度上可解决"三农"问题。

二、农民个体

国家宪法以及相关法律明确规定,征地的先决条件是为了公共利益,但是在实践中,工商业用地也是通过"征地"这一唯一的途径解决的。土地是农民的命根、农业之源和农村发展之基,同时也是农民赖以生存和发展的重要保障。因此,在农地非农化过程中,如何有效保障失地农民合法权益,扭转失地农民在与地方政府博弈中的弱势地位,切实解决失地农民的生存发展问题,成为推进我国现代农业发展与维护农村和谐稳定大局的重要课题。鉴于目前失地农民社保制度以及养老、医疗、就业等制度还未普及完善,失地农民面临基本的生存权利。因此,农民如何保障自身的权益,需要从以下几个方面进行:

土地问题是深化改革中无法逾越的问题,目前改革现行土地产权结构的方案可归纳为三种:一种是土地私有化,将农村土地划归农民所有,允许土地所有权转让、出租、抵押。二是永佃制,将农村土地收归国有或在土地集体所有制下,国家或集体拥有土地的最终所有权,农民享有永久或长期使用权,允许土地使用权转让、出租、抵押。三是集体化,以股份合作制改革土地集体所有制,将农民承包权所取得的土地使用权折股量化,组建土地股份合作社,允许集体土地所有权转让、出租(柏晶伟,2004)。赋予农民或集体土地产权排他性和可转让性,是上述主张的共同特征。排他性和可转让性是产权权利束中最关键的权能,也是当前土地制度变迁的焦点,排他性意味着产权所有者拥有充分的自治权,可转让性意味着资源的资本化。从历史来看,大多数资源从仅有使用权到可进行市场交换的转变过程是最充满辛酸和痛苦的时期(爱伦,1999)。

三、房地产开发商

农地城市流转是指为了满足城市各种活动对空间的需求而进行的土地流转开发过程。该过程的参与者较多,但是主要参与可以分成两方:一方是以房地产开发商为代表的私人利益团体,另一方是以地方政府为代表的公众利益团体,利益分配首先表现为开发商和政府间的利益分配。作为辖区内管理者与必要设施和服务的提供者,地方政府在房地产开发中起着重要作用。其通过颁布和执行法律、征税、行政管理、补贴、基础设施建设和提供服务、土地等影响房地产商的开发行为。当前地方政府主要是通过法律和征税、基础设施建设和城市规划来影响房地产商的开发行为,尤其是土地供应制度来影响房地产的开发。因此,在农地城市流转进程中,土地出让制度对房地产开发商的影响较大。作为土地市场行为主体,房地产开发商更希望政府在税费优惠的前提下,提供一个公平公正的土地供给市场,减少土地的交易费用。

四、住宅需求者

随着城市化的快速发展,特大城市郊区住宅发展迅速。而这些住宅用地的来源基本来源于周边的农村集体土地。住宅需求者一方面可以通过市场的方式购买住宅,另一方面,低收入家庭可以通过申请政府提供的政策性住房解决居住问题。由于中心城区房价的高位上扬,因此,郊区住宅成了大多数家庭的次优选择。

第二节　共生目标

农地城市流转涉及多个权利主体的利益,而且每个主体具有自己的目标,即使作为非理性的决策者,其进行农地城市流转时也具有多个目标。在土地市场发育充分的国家,农地城市流转主要是通过市场机制来运作。我国合法的农地城市流转属于政府行为,政府特别是地方政府作为农地城市流转的直接决策者,在其进行决策过程中,往往有重经济效益,轻环境效益与社会效益;重土地需求者的利益,轻农地使用者的利益,忽略相关利益主体的利益的倾向,这也是流转冲突不断发生、生态环境受到破坏的主要原因,将难以确保实现耕地保护的目标,也难以提高我国城镇化的质量。因此,这需要我们在借鉴发达国家流转经验的基础上,建立起适合自己国情的流转决策理论框架。而社会理性决策者需要综合考虑多个目标的均衡关系,在发展与保护两目标体系中,发展是目的,保护是底线。在发展过程中,既要保护农地资源,更加需要保护农地资源利益主体的合法权益;在三维目标体系中,理性决策者就是要同时实现经济发展与农地保护的共生,实现经济、社会、环境等方面的可持续性,确保流转的经济、社会与生态效益多重目标的共生。即实现三个方面的均衡,实现正面收益的最大化和负面影响的最小化;在三要素目标体系中,农民集体组织、政府和土地开发商三个主体通过土地征收与土地出让两个阶段的交易、相互协调和平衡以实现多主体的共同发展。最终能够实现多目标的共生,这是完善农地城市流转决策机制的目标与关键,也是构建各参与主体利益协调机制的基础。

第三节　共生模式

实现多目标多主体一体化互惠共生是进行农地城市流转博弈共生的理想模式,但理想的共生模式并非一蹴而就,存在着共生度逐渐提高的过程,包括共生意识的培育,共生单元的匹配、融合和规模的确定,合作方式以及权益和义务的对称稳定分配等。但在目前的土地供给制度下,农地城市流转仍然属于政府行为。从组织程度看,农民与政府之间的共生关系还属于点共生阶段;从行为方式看,两者之间属于偏利共生关系,农民的权益经常收到侵蚀,农民还未真正作为使用权人参与到农地城市流转决策中来,因此,要提高农民与政府的共生度,完善其共生关系还需要提高农民的参与权及自主决策权。

其次,为了招商引资,政府,一方面对开发商给予土地以及政策的优惠,在进行市场化出让方式的过程中,政府也存在寻租行为;另一方面,通过拍卖的方式,不断拍出新的地王。可见,从行为方式看,开发商与政府之间的共生关系尽管存在互惠共生关系,但是从组织程度上看,两者之间的共生属于连续共生,还未达到一体化共生的情形。

因此,作为社会理性的决策者,中央政府需要通过各参与主体之间的共生度,一方面完善农地城市流转制度改革,引入市场机制,提高土地市场化程度;另一方面需要为促进多主体的一体化共生进行监督与管理。

第四节　共生环境

　　在共生关系上,人类社会与自然界也有所不同,自然界往往是原始的、初级的、自然的和被动的;而人类社会则往往是创始的、高级的、能动的和主动的。在自然界中,生物之间的分工与合作是通过共生关系和生存竞争的双重作用而自然形成和发展的;而在人类社会中,个体和组织之间的分工与合作往往是在人的能动作用基础上通过共生关系和竞争关系而实现的。人们可以在认识共生机理和规律的基础上,对经济共生系统、社会共生系统进行设计、建构和改进。从本质上讲,农地城市流转的过程实际上就是通过构建、调整、优化共生单元的共生条件、共生界面、组织模式和行为模式来建立一个和谐、互惠、稳定的、一体化的共生系统的过程。

　　农地的产权所有制和相关法律构成了农地城市流转的制度环境,农地产权制度的完善与否将直接影响农地资源利用的效率。大多数西方发达国家实行的是土地私有制,其产权界定清晰,在其较为完善的土地市场中,权属分明,较少出现过度非农化等现象,农地资源配置效率较高。但是在中国,由于特殊的农村集体土地产权所有制形式,使得中国农村集体土地的产权在某种程度上表现出"产权主体界定不明晰"和"权利内容模糊"现象。在目前的农地城市流转制度背景下,流转主体之间还属于偏利共生、点共生以及间歇共生阶段。因此,作为社会理性的决策者,中央政府需要建立起良好的共生环境,促进各主体之间互惠共生、连续共生以至一体化共生。正如威廉姆森(Williamson)认为科学研究可以分为社会基础、制度环境、治理环境和资源配置4个层次。对于农地城市流转的共生环境相应地可以从这一层次的划分进行探讨。由于第一层次关注的是人类各种基本行为和道德准则,这些约束多是自发和约定成俗的,主要涉及宗教、文化等基础研究,研究比较抽象和空泛。聂鑫等(2013)从制度环境、治理环境和资源配置 3 个层次对农地城市流转进行了综述:制度环境层次,主要介绍农地城市流转的制度环境;治理环境层次,集中回顾由于农地城市流转而建立的福利补偿机制;资源配置层次,追踪农地城市流转中相关主体的福利变化研究,遵循从粗到细,从开放到聚焦的顺序进行了综述。结合前面的研究,本研究认为要构建并完善共生环境也需要从以下几个方面进行:

一、完善农地城市流转的制度环境

在城市化快速发展的同时,大量农地流转成城市建设用地,引了相关主体福利的剧烈波动,农民的个人福利受到的影响尤甚。同时由于征地的不规范性,引起的各种纠纷与冲突,带来了一系列不可逆转的社会问题。这有农地本身经济利益相对较低的直接原因,但是制度环境上集体土地产权不明晰,土地所有权主体的错位、缺位或虚位,产权关系的模糊,集体所有制表现为无实质内容的空壳,土地使用权的非完整性等才是问题的根源。关于如何完善农地城市流转的制度环境,最关键的是农地所有权归属问题,它影响到农地城市流转的征地制度以及出让制度。目前学者们对此主要有三种看法:土地国有化,但赋予农民永佃权;通过土地私有化解决目前土地权属问题,完全的私有化可以减少贫富差别,并且起到稳定地价、促进经济发展的作用;在现行制度底线下,在保证社会发展所需土地的前提下,应改进现行的农民集体所有建设用地使用权制度,建立农民集体建设用地使用权的交易市场。本研究认同第三种观点,在现有制度下,逐渐建立与完善集体建设用地使用权市场,充分发挥农民的土地使用权权益主体作用,提高农民参与权、决策权及其身份认同感。

2017 年国土资源部住房城乡建设部关于印发《利用集体建设用地建设租赁住房试点方案》的通知中,北京、上海、沈阳、南京、杭州、合肥、厦门、郑州、武汉、广州、佛山、肇庆、成都等 13 个城市开展利用集体建设用地建设租赁住房试点。以集体经济组织为主体开发建设公租房、乡村休闲旅游养老等产业,或者以集体建设用地使用权作价出资入股、联营与其他企业合作开发此类产业。利用集体建设用地建设租赁住房,可以增加租赁住房供应,缓解住房供需矛盾,有助于构建购租并举的住房体系,建立健全房地产平稳健康发展长效机制;有助于拓展集体土地用途,拓宽集体经济组织和农民增收渠道;有助于丰富农村土地管理实践,促进集体土地优化配置和节约集约利用,加快城镇化进程。同时,通过改革试点,在试点城市成功运营一批集体租赁住房项目,完善利用集体建设用地建设租赁住房规则,最终为构建城乡统一的建设用地市场提供支撑,这也是完善农地城市流转的制度环境的大方向。

二、构建并完善农地城市流转的治理环境

根据前面的分析,农地城市流转主要存在以下几个方面的问题:一是盲目流转、流转过量与违法流转问题;二是农地城市流转利益分配问题;三是流转程序及参与权问题。要解决这些问题,在完善农地城市流转制度环境的同时,还需要构建并完善农地城市流转的治理环境,设计合理的治理机制。正确合理的机制不仅可以提高和改善资源配置的效率,也能促进外部效益的内部化,实现福利的均衡分配。农地城市流转引发的相关机制的设计问题,一方面包括如何将农地提供的开敞景观、生态环境净化、粮食安全等功能内部化转移机制的设计;另一方面则是研究对农地城市流转产生的增值福利进行合理分配的机制,实现各个利益集团福利的均衡分配,这正是目前农地城市流转前沿研究在制度层面所关注的核心方向。而征地补偿的理论是给予失地农民多维福利补偿机制的核心,学术界对于补偿的理论大体可以分为:以资源经济学为基础的农地市场价值和非市场价值补偿理论;以福利经济学为基础的土地功能补偿理论。无论哪一种补偿理论,前人的研究多数考虑的是提高补偿标准,对于农民参与程序的公平性的关注还刚刚起步,同时机制补偿有效性及治理机制等方面的研究还有待进一步提高。

三、完善土地资源的有效配置环境

经济学研究的目的是实现资源的有效配置,农地城市流转的资源配置层次,研究的是最优边际效益。该问题从 20 世纪 90 年代开始逐渐引起学术界的关注,在此过程中,如何实现不同群体的福利均衡、帕累托改进及福利的量化测度是学者们关注的热点。相关主体福利分析的理论框架还不完善,各种因素对于福利状态的影响方式、路径尚不清晰。虽然有对失地农民、地方政府的福利变化、利益分割的研究,但至今尚未见对相关主体福利的影响因素、因素的影响路径等进行系统的实证研究,对于利益集团福利补偿的政策往往不够严谨,存在一定的随意性。因此,针对农地城市流转存在的违法现象,最关键的是构建统一的城乡建设用地市场,完善土地"招拍挂"制度,完善土地市场化机制,提高农地城市流转市场化程度,为各个参与主体提供一个开放、公平与共生的市场环境。

第十章

研究结论与讨论

第一节　研究结论

在中国城市化发展与土地制度改革的关键时期,在特大城市郊区住宅快速推进的特殊阶段,郊区农地不断向城市住宅用地流转,使得农地城市流转的目标更加复杂、参与主体更加广泛。同时,违法征地、流转冲突与纠纷也频繁发生。为了构建农地城市流转的利益协调机制,促进农地城市流转的持续稳定发展。本研究在分析农地城市流转目标体系的基础上,运用共生理论探讨多目标多主体的共生,构建多目标多主体农地城市流转的共生系统,探讨引起农地城市流转共生系统变化的影响因素;在分析农地城市流转各参与主体利益冲突根源的基础上构建农地城市流转决策利益协调机制,并从共生单元、共生目标、共生环境以及共生关系等方面提出了促进农地城市流转决策共生系统持续稳定和谐发展的政策建议。研究得出:

一、工业化、城市化快速发展进程中,农地城市流转不可避免,建立科学的决策机制是关键

无论是发达国家,还是发展中国家,在其工业化、城市化快速发展进程中,农地城市流转不可避免。它在为经济的高速增长、城市的快速发展带来低价的土地保障的同时,也带来了土地资源的浪费、城乡周边环境的

破坏。尤为严重的是,这种农地城市流转的增加又会进一步导致相邻地区住宅扩张、周边地区的毁坏及城市的蔓延。同时,在农地城市流转的过程中,各参与主体之间的纠纷、用地冲突与矛盾频繁发生。而第二次全国土地资源调查数据显示,土地资源的基本国情没有改变,我国必须继续实行最严格的耕地保护制度,继续坚持土地资源节约集约利用。可见,"发展与保护"仍是我国面临的挑战。人多地少,后备资源不足的现实加大了农地流转的风险;同时,信息资料的缺乏及未来的不确定性,我们无法准确预知未来土地的需求量、粮食需求量及经济增长率,农地城市流转面临极大风险。因此,农地城市流转必须谨慎,快速的经济增长不能以耕地等资源的大量消耗、环境资源的破坏、"三农"的牺牲为代价,必须建立完善科学的决策机制,以应对复杂多变的环境与发展形势。

二、多目标多主体的共生是完善农地城市流转利益协调机制的目标与关键

确保农地城市流转的多目标和多个主体之间的共生是目前中国社会发展亟待解决的难题,该难题的解决有利于城市化的正常推进,有利于社会经济的持续发展,为土地制度的改革提供新的方向。作为城市化进程中土地资源配置的一种配置方式,农地城市流转就是要在保证一定数量与一定质量的农地的前提下,保障城市化建设的土地需求,同时保证各权利主体的合法利益得到保障,以促进农地非农化的可持续、健康、稳定、协调发展。即为国家建设提供新增土地的保障的同时,还要满足其他主体的用地需求以及正当利益的诉求,尊重弱势群体的权益,实现经济上可行、环境上适宜、社会上可以接受。这些经济、生态及社会目标的实现,必须通过与此相关联的所有利益主体的共同努力来完成。不同层次和职能的政府部门、集体组织、房地产开发商、农民个体及住房需求者等,均与农地城市流转存在一定的利益关联,他们所拥有的资源不同,参与农地城市流转的动机、方式、程度各异。每个利益相关者的目标以及整体目标的实现与否、实现程度取决于所有利益相关者利益的协调程度和行为的协作方式。因此,需要合理的制度安排,建立新型的利益平衡机制来确保所有利益相关者个体理性的主观动机,最终带来集体理性的客观结果,从而确保农地城市流转整体目标的实现。为此,了解农地城市流转利益相关者的行为,分析各自的参与动机及其之间的相互关系是十分必要的,这是构建农地城市流转多目标多主体共生系统的关键。

三、农地城市流转的共生模式还处于共生的初级阶段

农地城市流转共生系统是由共生单元、共生模式和共生环境所组成的一种共生系统。其共生单元在一定的共生环境下通过博弈竞争的方式实现共生,但是无论是征地阶段的地方政府、农村集体及农民的非合作博弈共生模式,还是土地出让阶段地方政府与开发商之间的合作博弈共生模式,以及农地城市流转全过程中中央政府与地方政府之间的博弈共生模式更多地属于点共生、偏利共生、互利共生,还处于共生的初级阶段,想要实现对称性一体化共生,还需要从共生环境、共生单元、共生环境以及市场机制构建方面进行完善。

四、理性地看待农地城市流转

从传统土地经济学看,农地城市流转不仅能满足经济发展的需要,解决城市居民的居住问题,而且通过农地城市流转实现了土地的增值。尽管各地区的资源禀赋、发展背景及发展动机有所不同,但是大多数地区认为农地城市流转是城市或地区发展的必由之路,因此,全国各地争相进行农地城市流转,有的甚至盲目进行城市扩张,大力发展房地产业,造成了大量"鬼城"的出现,如2013年国内出现12座新鬼城,其楼房空置率极高(王翌康,2014)。这既没有促进经济的发展,反而造成了土地资源严重的浪费。因此,本研究通过对相关研究的回顾和进一步的分析指出:要正确看待农地城市流转的潜在作用和实际影响,既不能否认其对城市发展的积极作用,在我国人多地少、耕地后备资源不足的情况,粮食安全仍然是我国面临的重大课题。因此,在城市发展的进程中,尤其是城市化率已

经超过50%的情况,城市的发展不能再以牺牲农业、牺牲环境作为代价,在深度挖潜存量土地的情况下,有计划、有步骤、合理地安排农地城市流转,确保各主体,尤其是弱势群体农民的合法利益的前提下,合理高效地配置农地在各产业之间的配置,促进农地城市流转的可持续发展。

五、积极发挥市场机制的作用

作为优化土地资源配置的重要手段,市场机制不仅有利于提高土地利用效率,也有利于社会公平的实现。本研究在探索武汉市农地城市流转现状及其时空特征的基础上,运用两种不同的方法对武汉市2010—2017年土地市场化程度进行了研究。研究得出武汉市的土地市场化程度呈现不断上升的趋势,但是总体上市场化程度不高。同时,武汉市中心城区、近郊区与远郊区土地市场化程度的上升趋势有所不同,呈现出明显的空间差异性。其中,中心城区与近郊区市场化程度较高,增加也较快,而远城区市场化程度最低,同时增长最慢。另一方面,武汉市不同类型用地的市场化程度差异较大,商服与住宅用地市场化程度较高,增长较快,而仓储与工业用地的市场化程度较低,而且增长缓慢。总体上,农地城市流转特征与土地市场化程度具有高度负相关,但是自从我国实行招拍挂制度以来,十几年时间已经过去了,无论是全国还是武汉市,其土地市场化程度并不高。这影响了土地资源的配置效率,进一步引起了农地城市流转。因此,在今后的土地改革与发展中,还需要进一步完善土地市场制度,尤其是工业以及仓储用地的市场化程度,加强远城区的农地城市流转市场建设,防止新一轮的农地城市流转。中国土地市场化改革实践也证明了改革具有显著的路径依赖特性,市场机制在配置土地资源的过程中发挥越来越重要的作用,并沿着不断提升土地市场化水平的方向演进。

第二节 讨 论

无论在发达国家还是在发展中国家,在其工业化、城市化进程中,农地城市流转不可避免。在中国现有的土地制度安排下,农地城市流转的唯一合法途径是经过土地征收,先实现土地所有权的转变。然后对土地进行七通一平,政府再将土地出让给土地使用者的过程。可见,农地城市流转存在三个不同的阶段:征地阶段、储备阶段以及出让阶段;存在着两种机制:政府机制和市场机制;存在多方参与主体:作为农地被征方的农村集体和农民、作为征地方的中央政府和地方政府、作为国有土地使用权出让方的政府、作为国有土地使用权获取方的用地单位及住宅市场的供给方与需求方:开发商与住房需求者。这些主体在农地城市流转过程中有着各自的利益诉求与动机,而且这些诉求与目标往往具有冲突性。因此,在农地城市流转属于政府行为的阶段,弄清楚农地城市流转的目标是什么,各个主体各自的目标又是什么? 根据构建农地城市流转的目标体系,运用共生理论探讨多目标多主体的共生,构建多目标多主体农地城市流转的共生系统,探讨引起农地城市流转共生系统变化的影响因素,在此基础上构建农地城市流转决策利益协调机制是一项具有挑战性的难题。尽管本研究在尝试性探讨后得出一些结论,农地城市流转共生系统与利益机制的构建也为土地利用变化的进一步研究提供新的研究视角与研究内容,有利于解决农地城市流转中利益冲突与矛盾,促进农地城市流转的可持续发展。但是在研究中还有一些问题需要进一步讨论。

第一,农地城市流转存在三个阶段:土地征收、土地储备及土地出让阶段,由于土地征收表现出强烈的行政手段,发生了所有权的转移,土地储备为中间阶段,没有发生土地权属的改变,而土地出让存在行政与市场并存的情况,发生了使用权的转移及土地利用方式的变化。因此,本研究仅仅对征地与出让阶段进行探讨。当然土地储备的规模也影响到土地出让的结果,但是如果考虑到储备的中间过程,农地城市流转决策共生将更加复杂。

第二,农地城市流转不仅仅牵涉到多个利益主体,而且流转目标复杂多样,同时各主体各目标还存在一定的冲突。因此,明确不同主体的流转目标,是构建农地城市流转目标体系的关键,但不同的目标体系对农地城市流转决策及其结果截然不同。

第三,在不同的流转阶段,农地城市流转共生系统中,共生单元主要通过博弈共生的模式进行共生。但是由于系统的复杂性,本研究还未能建立全过程共生模式,只是对不同阶段的主要利益主体的博弈进行了共生模式分析,今后将对农地城市流转共生系统的做更加全面的分析。

第四,市场机制作为优化土地资源配置的重要手段,有利于土地利用效率的提高,有利于市场参与主体的公平竞争。目前武汉市的土地市场化程度尽管出现了明显的上升趋势,但是整体水平还不高,还需要进一步提高。而且武汉市各区域表现出明显的空间差异性,其中远城区的市场化水平还很低,而且增长缓慢;不同用地类型的市场化程度差异性尤为突出,住宅与商业用地市场化程度较高,而工业与仓储用地较低,并且增长缓慢,这为政府进行农地城市流转决策提供了有利的理论与实践借鉴。但是由于数据的可得性与局限性,本研究仅仅探讨了2010—2017年的土地市场化程度情况,未能对更长时间序列的情况进行探讨,同时也未能对土地市场化程度与农地城市流转情况做长时间的耦合分析,这也是未来的研究中需要充实的重要部分。

参考文献

[美]爱伦·斯密德. 黄祖辉等译. 财产、权利和公共选择——对法和经济学的进一步思考[M]. 上海:上海三联书店,上海人民出版社1999.

[日]黑川纪章. 覃力、杨熹微等译. 新共生思想[M]. 北京:中国建筑工业出版社,2009.

[美]阿瑟·奥沙利文. 城市经济学[M]. 北京:中信出版社,2002.

柏晶伟. 如何破解农村土地制度设计的矛盾——中改院改革形势分析会观点综述[J]. 中国经济时报,2004 - 4 - 23.

鲍海君、吴次芳. 论失地农民社会保障体系建设[J]. 管理世界,2002(10).

柴彦威、周一星. 大连市居住郊区化的现状、机制及趋势[J]. 地理科学,2000(2).

陈和平、吴群. 市场化配置工业用地研究述评[J]. 国土资源科技管理,2010(1).

陈江龙、曲福田、陈雯. 农地非农化效率的空间差异及其对土地利用政策调整的启示[J]. 管理世界,2004(8).

陈美球、魏晓华、刘桃菊. 海外土地利用规划中的公众参与及其启示[J]. 地域研究与开发,2008(6).

陈绍愿、张虹鸥、林建平等. 城市共生:发生条件、行为模式与基本效应[J]. 城市问题,2005(2).

陈拓. 土地征收制度的反思与改革[J]. 兰州学刊,2014(11).

陈兴雷. 城市扩展过程中的农地非农化:代价性消耗与过度性消耗[M]. 南京:南京农业大学,2011.

陈莹、胡梦可、方勇. 武汉市土地利用程度和经济发展的重心迁移及耦合协调性研究[J]. 长江流域资源与环境,2017(8).

陈玉光、邓子部. 我国城市土地出让制度的缺陷分析及其完善[J]. 北京行政学院学报,2012(2).

陈志刚、曲福田、韩立等. 工业化、城镇化进程中的农村土地问题:特征、诱因与解决路径[J]. 经济体制改革,2010(5).

陈竹. 地方政府主导下的农地转用决策及其偏好差异分析[J]. 资源科学,2015(4).

程晓波、郁建兴. 城镇化进程中地方政府的征地机制完善与制度创新[J]. 南京社会科学,2016(11).

程晓波. 土地征收中的利益失衡与均衡:一个分析框架[J]. 学术月刊,2016(11).

崔凯. 城镇化进程中农地非农化与土地市场化的作用关系研究[M]. 北京:中国农业科学院,2016.

邓大才. 农地交易:政府失灵与市场缺位[J]. 国家行政学院学报,2004(1).

邓红蒂、俞冠玉、张佳等. 土地利用规划中公众参与的实践与分析[J]. 中国土地科学,2005(3).

丁琳琳、吴群、李永乐. 土地征收中农户福利变化及其影响因素——基于江苏省不同地区的农户问卷调查[J]. 经济地理,2016(12).

杜静. 农地非农化过程中农地非市场价值损益研究[J]. 内蒙古师范大学,2016.

范怀超、白俊. 农地非农化中利益主体博弈行为逻辑分析——以失地农民与地方政府为例[J]. 海南大学学报(人文社会科学版),2016(1).

冯建、周一星. 郊区化进程中城市内部迁居及相关空间行为——基于千份问卷调查的分析[J]. 地理研究,2004(2).

冯健、周一星、王晓光等.1990 年代北京郊区化的最新发展趋势及其对策[J]. 城市规划,2004(3).

冯淑华. 基于共生理论的古村落共生演化模式探讨[J]. 经济地理,2013(1).

冯文利. 土地利用规划中公众参与制度研究[J]. 中国土地科学,2003(6).

付妮嘉. 大城市土地利用综合效益评价[M]. 武汉:华中农业大学,2007.

高进云、乔荣锋、张安录. 农地城市流转前后农户福利变化的模糊评价——基于森的可行能力理论[J]. 管理世界,2007(6).

公婷、吴木銮. 我国 2000-2009 年腐败案例研究报告——基于 2800 余个报道案例的分析[J]. 社会学研究,2012(4).

谷人旭、李广斌. 区域规划中利益协调初探——以长江三角洲为例[J]. 城市规划,2006(8).

谷亚光. 我国失地农民社会保障问题探讨[J]. 当代经济研究,2010(5).

顾朝林. 中国大城市边缘区特性研究[J]. 地理学报,1993(4).

郭亮. 土地征收中的"行政包干制"及其后果[J]. 政治学研究,2015(1).

韩红丽、高琳. 中美住宅郊区化的对比研究[J]. 建筑经济,2010(4).

韩效、邱建. 美国城市化视角下的中国城市发展思考[J]. 西南交通大学学报(社会科学版),2015(2).

何秀玲、李登周. 地方政府逐利行为的负面影响及其矫正[J]. 理论探讨,2013(4).

何自力、徐学军. 生物共生学说的发展与在其他领域的应用研究综述[J]. 企业家天地:理论版,2006(11).

贺晓英、李菲、郭蓓．农地非农化过程中损失农地的生态价值研究——以陕西省为例[J]．安徽农业科学,2012(26)．

胡国平、胡钤．农地征用中村民代表行为研究——基于博弈分析的视角[J]．社会科学家,2013(5)．

胡慧．农地非农化利益驱动的博弈分析——基于中央政府与地方政府的研究[J]．天津农业科学,2011(3)．

胡守钧．社会共生论[M]．上海:复旦大学出版社,2006.

胡勇、陈利根．偏离如何趋向耦合:土地纠纷化解中的利益协调与表达[J]．农村经济,2009(6)．

华敏．长江中游城市群城市土地利用效率与经济发展水平时空耦合研究[M]．武汉:武汉大学,2017.

黄烈佳．农地城市流转及其决策研究[M]．北京:中国农业出版社,2007.

黄烈佳、张安录．农地价值与农地城市流转决策若干问题探讨[J]．地理与地理信息科学,2006(2)．

黄烈佳、张波清．基于土地伦理观的城市边缘区农地城市流转决策探讨[J]．生态经济(中文版),2013(4)．

黄烈佳、张波清、张安录．农地城市流转区位决策问题探讨[J]．资源科学,2007(3)．

黄烈佳、张波清．农地城市流转规模决策模型[J]．经济地理,2008(5)．

黄烈佳、张萌．基于住宅消费行为的住宅郊区化影响因素研究——以武汉市为例[J]．现代城市研究,2015(6)．

黄烈佳．城乡生态经济交错区农地城市流转决策博弈研究[J]．长江流域资源与环境,2006(6)．

黄璐．基于共生理论的重庆城乡土地空间规划研究——以渝东南生态保护发展区为例[M]．重庆:西南大学,2014.

黄顺绪、李冀、严汉平．土地垂直管理体制与地方政府土地违法行为的博弈分析[J]. 人文杂志,2013(5).

黄涛、袁柏顺. 试论我国土地出让领域腐败的制度与法律根源[J]. 云南行政学院学报,2011(1).

黄小虎. 征地制度改革的经济学思考[J]. 中国地产市场,2002(10).

黄小虎. 征地制度改革和集体建设用地流转[J]. 经济研究参考,2008(3).

黄长义、孙楠. 土地征收领域腐败的经济学分析[J]. 管理世界,2013(12).

贾康、孙洁. 公私合作伙伴机制:城镇化投融资的模式创新[J]. 中国建设信息,2013(23).

姜海、婷婷. 江苏省区域经济增长方式对农地非农化影响研究[J]. 中国土地科学,2011(12).

姜琳. 我国各地土地出让市场化程度评估[J]. 经济与管理研究,2009(6).

蒋省三、刘守英、李青. 土地制度改革与国民经济成长[J]. 管理世界,2007(9).

金丹、於嘉. 我国国有土地使用权出让方式完善之我见[J]. 湖北经济学院学报(人文社会科学版),2007(5).

金晶、许恒周. 失地农民的社会保障与权益保护探析——基于江苏省16县(市、区)320户失地农民的调查数据分析[J]. 调研世界,2010(7).

柯宇晨、曾镜霏、陈玉娇. 共生理论发展研究与方法论评述[J]. 市场论坛,2014(5).

冷志明、易夫. 基于共生理论的城市圈经济一体化机理[J]. 经济地理,2008(3).

李明超. 我国城市土地出让制度改革研究回顾与分析——基于城镇化成本支付视角[J]. 改革与战略,2017(10).

李尚蒲、罗必良、何一鸣．中央与地方博弈：来自1999－2009年土地审批与违法用地的证据[J]．上海经济研究，2013(11)．

李涛．重庆市农地非农化时空动态演进与形成机理研究[M]．重庆：西南大学2016．

李晓云、蔡银莺．农地城市流转需求者行为与政策取向[J]．国土资源科技管理，2005(5)．

李晓云、张安录．城乡生态经济交错农地城市流转PSR机理与政府决策探讨[J]．中国土地科学，2003(5)．

李学鑫、苗长虹．关中、中原、山东半岛三城市群产业结构与分工的比较研究[J]．人文地理，2006(5)．

李颖、张成勇．土地资源配置中的"寻租"现象解析[J]．南方经济，1997(2)．

李永乐、曹阳、王春超．中央政府与地方政府在土地垂直管理制度改革中的利益博弈分析[J]．中国土地科学，2010(6)．

梁若冰．财政分权下的晋升激励、部门利益与土地违法[J]．经济学(季刊)，2009(1)．

梁志元．中国农村土地流转制度创新研究[M]．长春：吉林大学出版社，2016．

林辉煌、欧阳静．土地征收中的权力博弈与制度重构[J]．当代财经，2015(6)．

林兴林．农地非农化中决策主体博弈行为分析[J]．环球人文地理，2016(6)．

刘开瑞、鲁璐．市场化手段出让国有土地使用权的博弈问题研究——基于地方政府和房地产开发商视角[J]．经济与管理，2013(1)．

刘雷．房地产开发商与政府之间的博弈分析[J]．财经问题研究，2008(8)．

刘荣增、齐建文．豫鲁苏城乡统筹度比较研究——基于共生理论的视角[J]．城市问题，2009(8)．

刘荣增、王淑华、齐建文．基于共生理论的河南省城乡统筹空间差异研究[J]．地域研究与开发,2012(4).

刘荣增．共生理论及其在我国区域协调发展中的运用[J]．工业技术经济,2006(3).

刘维新．耕地保护与城市发展的关系[J]．中国土地科学,1995(6).

刘友金、袁祖凤、周静等．共生理论视角下产业集群式转移演进过程机理研究[J]．中国软科学,2012(8).

龙茂乾、孟晓晨．城镇化、郊区化与中国城市空间扩张[J]．地域研究与开发,2015(3).

楼戬．建立平衡的利益协调机制——中国土地制度变迁的方案选择[J]．中共中央党校学报,2005(1).

卢圣华、姚好婷、汪晖．社会资本如何影响征地拆迁农户的生活？——基于有序 Logistic 模型的实证分析[J]．中国土地科学,2017(6).

卢为民．供给侧结构性改革背景下土地制度的创新路径[J]．上海房地,2017(6).

鲁璐．我国土地出让市场的博弈分析[M]．西安:陕西师范大学,2013.

罗必良．新制度经济学[M]．太原:山西经济出版社,2005.

罗丹、严瑞珍、陈浩．不同农村土地非农化模式的利益分配机制比较研究[J]．管理世界,2004(9).

骆永民、樊丽明．土地:农民增收的保障还是阻碍？[J]．经济研究,2015(8).

马清裕、张文尝．北京市居住郊区化分布特征及其影响因素[J]．地理研究,2006(1).

马远军、张小林．城市群竞争与共生的时空机理分析[J]．长江流域资源与环境,2008(1).

毛振强、卢艳霞、李宪文等．土地征收和出让中不同集团利益取向的理论分析——兼论对耕地保护的影响[J]. 中国土地科学,2008(3).

米强、李永乐、吴群等. 土地征收的社会效率阶段性比较研究——以南京市为例[J]. 中国土地科学,2015(12).

苗利梅、钟太洋. 土地市场应城乡统一[J]. 中国土地,2011(3).

苗子豪. 探析我国政府在土地征收中如何实现公共利益[J]. 当代经济,2017(11).

闵捷、张安录、吴中元等. 农地城市流转驱动机制的时空尺度效应分析[J]. 自然资源学报,2008(5).

母小曼. 土地市场中政府与开发商之间博弈[J]. 管理世界,2006(5).

倪维秋. 中国三大城市群城市土地利用经济、社会、生态效益的耦合协调性及其空间格局[J]. 城市发展研究,2016(12).

年志远、王天骄. 国有企业"地王"行为辨析[J]. 管理世界,2012(8).

聂鑫、张银岭、汪晗. 农地城市流转中的制度环境、治理环境与资源配置研究[J]. 湖北农业科学,2013(17).

聂鑫. 农地城市流转中失地农民多维福利影响因素和测度研究[M]. 武汉:华中农业大学,2011.

欧胜彬、陈利根. 农村集体土地流转制度绩效研究——基于安徽与广西的典型案例比较分析[J]. 农村经济,2014(9).

潘嘉玮. 城市化进程中土地征收法律问题研[M]. 北京:人民出版社,2009.

庞瑞秋、赵梓渝、王唯等. 住房改革以来长春市新建住宅的空间布局研究[J]. 地理科学,2013(4).

彭錞. 中国集体土地征收决策机制:现状、由来与前景[J]. 华东政法大学学报,2017(1).

彭开丽、张鹏、张安录. 农地城市流转中不同权利主体的福利均衡分析[J]. 中国人口·资源与环境,2009(2).

齐睿、李珍贵、李梦洁. 土地征收补偿与安置制度辨析[J]. 中国行政管理,2015(1).

钱忠好、马凯. 我国城乡非农建设用地市场：垄断、分割与整合[J]. 管理世界,2007(6).

钱忠好、牟燕. 中国农地非农化市场化改革为何举步维艰——基于地方政府土地财政依赖视角的分析[J]. 农业技术经济,2017(1).

乔荣锋、高进云. 武汉市洪山区城乡结合部农地城市流转决策研究[J]. 中国土地科学,2009(6).

邱胜. 土地拍卖与挂牌出让的影响分析[J]. 中国地产市场,2006(10 期

曲福田、陈江龙、陈雯. 农地非农化经济驱动机制的理论分析与实证研究[J]. 自然资源学报,2005(2).

曲亮、郝云宏. 基于共生理论的城乡统筹机理研究[J]. 农业现代化研究,2004(5).

石敏俊、王宏娟、谢俊奇等. 基于利益协调机制的农村集体建设用地入市路径选择[J]. 资源与生态学报：英文版,2015(3).

石峡、朱道林、张军连. 土地整治公众参与机制中的社会资本及其作用[J]. 中国土地科学,2014(4).

史清华、晋洪涛、卓建伟. 征地一定降低农民收入吗：上海7村调查——兼论现行征地制度的缺陷与改革[J]. 管理世界,2011(3).

舒帮荣、徐梦洁. 土地市场寻租行为分析极其对策研究[J]. 云南社会科学,2007(2).

宋鸿、陈晓玲. 中国土地市场化进程的空间自相关分析[J]. 华中师范大学学报(自然科学版),2008(1).

宋金平、王恩儒、张文新等. 北京住宅郊区化与就业空间错位[J]. 地理学报,2007(4).

宋艳林. 我国土地市场发育的三方博弈分析[J]. 生产力研究,2007(3).

孙立平．博弈—断裂社会的利益冲突与和谐［M］．北京：社会科学文献出版社，2006.

谭丹、黄贤金、陈志刚等．中国土地市场化程度及其影响因素分析［J］．城市问题，2008(1).

谭荣、曲福田、郭忠兴．中国耕地非农化对经济增长贡献的地区差异分析［J］．长江流域资源与环境，2005(3).

谭荣、曲福田．土地非农化的治理效率［M］．北京：科学出版社，2014.

谭术魁．中国频繁暴发土地冲突事件的原因探究［J］．中国土地科学，2009(6).

唐健、陈志刚、赵小风等．论中国的耕地保护与粮食安全——与茅于轼先生商榷［J］．中国土地科学，2009(3).

唐云锋、温其玉、郭贯成．补偿核算新视角：土地征收与农民"被动性"市民化——以江苏省南京市为例［J］．中国土地科学，2015(5).

陶坤玉、张敏、李力行．市场化改革与违法：来自中国土地违法案件的证据［J］．南开经济研究，2010(2).

万胜超、王良健、刘敏等．基于空间的省际农地非农化驱动因素研究［J］．经济地理，2012(7).

汪贤裕、肖玉明．博弈论及其应用［M］．北京：科学出版社，2016.

王彩梅．我国公众参与机制的建设［J］．理论界，2006(4).

王昌海、温亚利、时鉴等．基于共生理论视角的秦岭自然保护区与周边社区关系的反思——以陕西长青国家级自然保护区为例［J］．西北林学院学报，2011(4).

王成、费智慧、叶琴丽等．基于共生理论的村域尺度下农村居民点空间重构策略与实现［J］．农业工程学报，2014(3).

王刚．构建和谐社会过程中的利益分化和利益协调问题研究［J］．理论探讨，2005(3).

王国刚、刘彦随．环渤海地区土地利用效益综合测度及空间分异

[J]．地理科学进展,2013(4)．

王海霞．论我国参与型土地征收制度的构建[M]．兰州:甘肃政法学院,2014.

王健、张泽宇．土地征收的新公众参与边界讨论——基于台湾典型土地征收案例的分析[J]．中国土地科学,2016(7)．

王俊．地方政府与住宅开发商的博弈分析[J]．世界经济情况,2006(2)．

王良健、陈小文、刘畅等．基于农户调查的当前农村土地征收易引发的社会稳定风险评估研究[J]．中国土地科学,2014(11)．

王鹏飞．大城市近郊地域的农业[M]．北京:商务印书馆,2016.

王青、陈志刚、叶依广等．中国土地市场化进程的时空特征分析[J]．资源科学,2007(1)．

王珊、张安录、张叶生．农地城市流转的农户福利效应测度[J]．中国人口·资源与环境,2014(3)．

王松霈．论我国的自然资源利用与经济的可持续发展[J]．自然资源学报,1995(4)．

王翌康．媒体称去年国内出现12座新鬼城 楼房空置率极高[N]．中国产经新闻报,2014年3月3日。

王雨晴、宋戈．城市土地利用综合效益评价与案例研究[J]．地理科学,2006(6)．

王玉堂．灰色土地市场的博弈分析:成因、对策与创新障碍[J]．管理世界,1999(2)．

王媛、杨广亮．为经济增长而干预:地方政府的土地出让策略分析[J]．管理世界,2016(5)．

王紫东、杨江潮．我国农地非农化中政府行为分析[J]．广东农业科学,2010(4)．

乌特·莱勒、理查德·哈里斯、罗宾布·洛克等．郊区土地问题[J]．国际城市规划,2015(6)．

吴次芳、谭荣、靳相木．中国土地产权制度的性质和改革路径分析[J]．浙江大学学报:人文社会科学版,2010(6).

吴次芳、杨志荣．经济发达地区农地非农化的驱动因素比较研究:理论与实证[J]．浙江大学学报(人文社会科学版),2008(2).

吴芳．现阶段居住郊区化异变问题研究[J]．现代城市研究,2005(11).

吴泓、顾朝林．基于共生理论的区域旅游竞合研究——以淮海经济区为例[J]．经济地理,2004(1).

吴泽斌、刘卫东．试论耕地保护的非对称利益冲突[J]．资源科学,2010(7).

吴泽斌．耕地保护利益冲突及其管理研究[M]．杭州:浙江大学,2011.

武小龙．城乡共生式发展:从病态到常态[J]．学海,2014(6).

肖轶、魏朝富、尹珂．农地非农化中不同利益主体博弈行为分析[J]．中国人口·资源与环境,2011(3).

肖元真、施兴翔、徐国峰．我国新一轮房地产调控的市场效应和未来走势[J]．市场周刊(理论研究),2007(1).

熊征、谈兵、宋成舜等．城市土地利用综合效益耦合分析——以武汉市为例[J]．水土保持研究,2015(2).

徐金广、石凤友．土地征收程序中的几个常见问题[J]．中国土地,2017(6).

徐金礼．我国城市化进程中的城市土地政策研究[M]．武汉:华中科技大学,2006.

徐唐奇、李雪、张安录．农地城市流转中农民集体福利均衡分析[J]．中国人口.资源与环境,2011(5).

许德林．江苏省不同经济增长阶段农地非农化实证研究[M]．南京:南京农业大学,2004.

许恒周、郭忠兴、郭玉燕．江苏省农地非农化过程中农地社会生态价值损失及区域差异研究[J].水土保持通报,2010(5).

许恒周、曲福田、郭忠兴等.市场失灵、非市场价值与农地非农化过度性损失——基于中国不同区域的实证研究[J].长江流域资源与环境,2011(1).

许实、王庆日、谭永忠等.中国土地市场化程度的时空差异特征研究[J].中国土地科学,2012(12).

杨桂华.生态旅游可持续发展四维目标模式探析[J].人文地理,2005(5).

杨华均、杨庆媛、王玄德等.城市土地增量市场的博弈分析——政府的经济人行为与创新障碍[A].土地制度创新与征地改革论文集[C].北京:科学技术文献出版社,2005.

杨磊、郦宛琪.土地整治:公众参与机制不可或缺[J].中国土地,2012(8).

杨丽霞、夏浩、苑韶峰.基于耦合协调度的土地利用经济效益空间差异分析——以浙江省为例[J].中国土地科学,2015(11).

杨玲丽.共生理论在社会科学领域的应用[J].社会科学论坛,2010(16).

杨文杰.关于农用土地的非农化问题[J].云南行政学院学报,2005(3).

殷焕举.社会利益协调机制建设的四个重点[J].理论前沿,2005(23).

尹中立.房地产调控与宏观调控的矛盾与出路[J].国际经济评论,2007(6).

雨之.国有土地使用权招拍挂出让实证分析[J].中国房地产金融,2005(5).

袁铖.城乡一体化进程中农地非农化问题研究[J].农业经济问题,2011(7).

袁纯清.共生理论—兼论小型经济[M].北京:经济科学出版

社,1998.

张安录、毛泓.农地城市流转:途径、方式及特征[J].地理学与国土研究,2000(2).

张安录.城乡生态经济交错区农地城市流转机制与制度创新[J].中国农村经济,1999(7).

张飞、曲福田、孔伟.我国农地非农化中政府行为的博弈论解释[J].南京社会科学,2009(9).

张飞、曲福田.从地方政府之间博弈的角度看土地市场秩序[J].经济问题探索,2005(6).

张飞.中国农地非农化中政府行为研究——基于中央与地方政府间博弈的分析[M].南京:南京农业大学,2006.

张光宏、马艳.城郊土地利用社会经济效益和生态环境效益的动态耦合关系——以武汉市远城区为例[J].农业技术经济,2014(11).

张弘、白中科、王金满等.矿山土地复垦公众参与内在机制及其利益相关者分析[J].中国土地科学,2013(8).

张宏斌、贾生华.土地非农化调控机制分析[J].经济研究,2001(12).

张宏斌.土地非农化机制研究[M].杭州:浙江大学,2001.

张立荣、田恒一、姜庆志.新型城镇化战略实施中的政府治理模式革新研究——基于共生理论的一项探索[J].中国行政管理,2016(2).

张丽凤、吕赞.中国农地非农化中的中央与地方政府博弈行为分析[J].农业经济问题,2012(10).

张良悦、师博、刘东.城市化进程中农地非农化的政府驱动——基于中国地级以上城市面板数据的分析[J].当代经济科学,2008(3).

张琳、王亚辉.征地过程中的参与者行为分析与机制设计[J].广东土地科学,2014(2).

张明斗、莫冬燕.城市土地利用效益与城市化的耦合协调性分析——以东北三省34个地级市为例[J].资源科学,2014(1).

张旭．基于共生理论的城市可持续发展研究[M]．哈尔滨：东北农业大学，2004．

张远索、张占录．国有土地使用权出让方式要创新[J]．中国土地，2010(10)．

张远索、周爱华、杨广林．英美土地增值收益分配制度研究[J]．世界农业，2015(3)．

张占录、胡红梅、张远索．台湾农村社区土地重划的公众参与机制——以过沟农村社区为例[J]．地域研究与开发，2013(5)．

张占录、张远索．我国城市土地出让方式球状体系建设[J]．国土资源科技管理，2011(3)．

张孜仪．论以公众参与为中心的土地征收协议程序建构[J]．经济社会体制比较，2014(3)．

赵贺．中国城市土地利用机制研究[M]．北京：经济管理出版社，2004．

赵全军．中央与地方政府及地方政府间利益关系分析[J]．行政论坛，2002(2)．

赵小风、黄贤金、钟太洋等．耕地保护共同责任机制构建[J]．农村经济，2011(7)．

赵雲泰、黄贤金、陈志刚等．基于 DEA 的中国农地非农化效率及其变化[J]．长江流域资源与环境，2011(10)．

赵雲泰、黄贤金、钟太洋等．中国土地市场化测度方法与实证研究[J]．资源科学，2012(7)．

郑莉晶．我国耕地保护的利益协调机制构建[M]．福州：福建师范大学，2012．

周毕芬．社会排斥视角下的失地农民权益问题分析[J]．农业经济问题，2015(4)．

周诚．农地征用中的公正补偿[J]．中国土地，2004(1)．

周国华、唐承丽．试论我国城市边缘区土地的可持续利用[J]．湖南师范大学社会科学学报,2000(2).

周建亮、吕振臣、尹建中．国集体土地征收制度改革的路径选择[J].
中国行政管理,2012(7).

周敏．杭州城市郊区化问题初步分析[J]．经济地理,1997(2).

周其仁．农地产权与征地制度——中国城市化面临的重大选择[J].
经济学(季刊),2004(4).

周滔、吕萍．土地市场管理的公众参与研究[J]．经济体制改革,
2007(6).

周滔、杨庆元、丰雷．土地出让市场的博弈分析:利益背景与政府行
为过程[J]．中国土地科学,2006(4).

周小萍、卢艳霞、文俊．中国耕地保护理念创新及其实施框架分析
[J]．北京师范大学学报社会科学版,2007(3).

周一星、孟延春．沈阳的郊区化:兼论中西方郊区化的比较[J]．地
理学报》,1997(4).

周一星．对城市郊区化要因势利导[J]．城市规划,1999(4).

朱俊成．基于共生理论的区域合作研究——以武汉城市圈为例[J].
华中科技大学学报(社会科学版),2010(3).

朱新华、梁亚荣．耕地保护制度中的利益冲突与公共政策选择[J].
海南大学学报(人文社会科学版),2008(5).

诸培新、顾湘、曲福田．土地利用规划的公众参与机制研究[J]．农
林经济管理学报,2005(3).

邹秀清、钟骁勇、肖泽干等．征地冲突中地方政府、中央政府和农户
行为的动态博弈分析[J]．中国土地科学,2012(10).

Anas A. Dynamics of urban residential growth[J]. Journal of urban economics,1978,5(1):66-87.

Ahmadjian,V. and S. Paracer, Symbiosis. An introduction to biological associations[M]. Hanover, N. H: University press of New England,1986.

Arrow, K J. and A C Fisher. Environmental preservation, uncertainty and irreversibility[J]. Quarterly journal of economics,1974(88):312 –319.

Azadi H. Barati A A, Rafiaani P, et al. Agricultural land conversion drivers in northeast Iran: application of structural equation model[J]. Applied Spatial Analysis and Policy,2016,9(4):591 –609.

Azadi, A. Barati,A A,& Kalantari,K. Analyzing and modeling the impacts of agricultural land conversion[J]. BMR, 2014,4(4):176 – 184.

Azadi, H. Ho, P, Hasfiati, L. Agricultural land conversion drivers: a comparison between less developed, developing and developed countries[J] . Land degradation and development, 2011(22):596 –604.

Batabyal, A A. The impact of information on land development: a dynamic and stochastic analysis[J]. Journal of environmental management,1997 (50):87 –92.

Batabyal, A A. An optimal stopping approach to land development under uncertainty[J]. Annals of Reg Sci,2000(34):147 – 156.

Baum – Snow N. Did highways cause suburbanization[J]. Quarterly journal of economics,2007;122(2):775 –805.

Benfield F K. Raimi M, Chen D D T. Once there were green- fields. Forum for applied research & public policy,1999,14(3):6 – 16.

Biolek J. Andráško I. Mal J. et al. Interrelated aspects of residential suburbanization and collective quality of life: a case study in Czech suburbs [J]. Acta geographica Slovenica,2017;57(1):65 –75.

Bromley, D. W. Hodge, I. Private property rights and presumptive poli- cy entitlements: reconsidering the premises of rural policy[J]. European re- view of agriculture economics,1990(17):197 –214.

Brown, L. A. and Moore, E. G. The intra – urban migration process: a perspective[J]. Geograficka annaler, 1970(52B):1 – 13.

Bryant C R. The city's countryside: Land and its management in the rural – urban fringe[M]. London: Longman, 1982:53 –59.

Capozza, D R and R W Helsley. the Stochastic city[J]. Journal of urban economics, 1990(28):187 - 200.

CAI H, Henderson J V, Zhang Q. China´s land market auctions: evidence of corruption? [J]. Rand journal of economics,2013;44(3):488.

Charles C Z. The dynamics of racial residential segregation[J]. Annual review of sociology, 2003,29(29):167 - 207.

Chatterjee B. Did suburbanization cause residential segregation? Evidence from U.S. metropolitan areas[J]. Ssrn electronic journal,2015,9(1): 25 - 36.

Chen Q. Cai Y, Liu F, et al. Farmers' perception to farmland conversion: a questionnaire survey in Xining city, Qinghai province, China[J] . Chinese geographical science, 2013,23(5):634 - 646.

Chertow, M. R. Uncovering industrial symbiosis[J]. Journal of industrial ecology, 2007,11(1):11 - 30.

Covington K L. Poverty suburbanization: theoretical insights and empirical analyses[J]. Social inclusion,2015,3(2):71 - 90.

Daniel,T. Lichter and David L. Brown. Rural America in an urban society: changing spatial and social boundaries[J]. Annual review of sociology, 2011,37(2):565 - 592.

David T. Ory, Patricia L. Mokhtarian. Which came first, the telecommuting or the residential relocation? An empirical analysis of causality[J] . Urban geography,2006,27(7):590 - 609.

Day J E. Costs of suburbanization: comparative effects of peri - urban residential relocation on household welfare measures in Shanghai[D]. Dissertations & theses - gradworks, 2009.

Duke, J. M, Aull - Hyde, R. Identifying public preferences for land preservation using the analytic hierarchy process[J]. Ecological economics, 2002(42):131 - 145.

Eenoit, A. Delbecq and Raymond J. G. M. Florax. Farmland allocation a-long the rural – urban gradient: the impacts of urbanization and urban sprawl [A]. The agricultural and applied economics association 2010 AAEA, CAES & WAEA joint annual meeting[C]. Denver, Colorado, July 25 – 27,2010.

Firman T. Rural to urban land conversion in Indonesia during boom and bust periods[J]. Land use policy, 2000,17(1):13 – 20.

Fischel W. The economics of zoning laws: A property rights approach to American land use controls [M]. Baltimore, MD: Johns Hopkins University Press, 1985.

Frank S. Inner – city suburbanization – no contradiction in terms, middle – class family enclaves are spreading in the cities[J]. Raumforschung Und raumordnung, 2016:1 – 10.

Fujita M. Spatial patterns of residential development[J]. Journal of urban economics, 1982,12(12):22 – 52.

Greene, R. and P. Stager. Rangeland to cropland conversions as re-placement land for prime farmland lost to urban development[J]. The social science journal,2001,38(1):543 – 55.

Grigorescu I. Mitric B, Mocanu I, et al. Urban sprawl and residential development in the romanian metropolitan areas [J]. Revue roumaine de géographie,2012,56(1):43 – 59.

Guy S. Henneberry J. Understanding urban development processes: in-tegrating the economic and the social in property research[J]. Urban studies, 2000,37(13):2399 – 2416.

Healey P. Barrett S M. Structure and agency in land and property devel-opment processes: some ideas for research[J]. Urban studies,1990,27(1): 89 – 104.

Heilig G K. Neglected dimensions of global land – use change: reflections and data[J]. Population and development review, 1994,20(4):831 – 859.

Henry C. Option values in the economics of irreplaceable assets [J]. Review of economics studies,1974,41(4):89 – 104.

Hellerstein, D. Nickerson, C. , Cooper, J. et al. Farmland protection: the role of public preferences for rural amenities[J]. USDA economic research service, agricultural economic report,2002(815).

Hite, D. et al. Property tax impacts on the timing of land use conversion [OL]. JEL Code G15, http://weber. ucsd. edu/ ~ carsonvs/papers/797. pdf. (2002 – 02 – 14).

Ho S. Lin G. Converting land to non – agricultural use in china's coastal provinces: Evidence from Jiangsu[J]. Modern China,2004(30):81 – 112.

Hosseini A. Shabanifard M, Rashidi M, Saiydzade MR. distribution and determining of urban sprawl in kerman with emphasis on kariz water system [J]. Physics Int, 2010,I(1):9 – 15.

JIANG Qun – ou, DENG Xiang – zheng, ZHAN Jin – yan et al. Estimation of land production and its response to cultivated land conversion in north china plain[J]. Chin. Geogra. Sci. 2011,21(6):685 – 694.

J. Jakovich, K. Beilharz, M. Echanove. Symbiosis between participation and system design:from interactive art to urban development[J]. Codesign, 2006,2(4):249 – 257.

Kai Cao,Shao – wen Wang, Xia Li. Modeling conversion of rural – urban land use based on cellular automa and genetic algorith[J]. 19th international conference on geoinformatics,2011 – 8:1 – 5.

Kline, J. D. and R. J. Alig. Does land use planning slow the conversion of forest and farm lands? [J]. Growth and change, 1999,30(1):3 – 22.

Kuminoff, N. V. A. D. Sokolow, and D. A. Sumner. Farmland conversion: perceptions and realities[J]. AIC issues brief,2001(16):1 – 8.

Levy D C, Melliar – Smith R P. The race for the future: farmland preservation tools[J]. Natural resources & environment, 2003,18(1):15 – 50.

Leyk S. Ruther M, Buttenfield B P, et al. Modeling residential developed land in rural areas: a size – restricted approach using parcel data[J]. Applied geography,2014,47(1):33 –45.

Lichtenberg E. Ding C. Assessing farmland protection policy in China [J]. Land Use Policy, 2008(25):59 –68.

Lin G C S. Reproducing spaces of Chinese urbanisation: new city – based and land – centred urban transformation[J]. Urban studies, 2007,44(9): 1827 – 1855.

Liu Y. Yue W. Fan P, et al. Suburban residential development in the era of market – oriented land reform: The case of Hangzhou, China[J]. Land use policy,2015,42(42):233 – 243.

Martellozzo F. Ramankutty N. Hall R J, et al. Urbanization and the loss of prime farmland: a case study in the calgary – edmonton corridor of alberta [J]. Regional environmental change, 2015,14(4):1 – 13.

McConnell, K. E. The optimal quantity of land in agriculture[J]. Northeastern journal of agriculture and resource economics,1989(18):63 –72.

Mieszkowski P. Mills E S. The causes of metropolitan suburbanization [J]. Journal of economic perspectives,1993,7(7):135 – 147.

Mori, H. Land conversion at the urban fringe: a comparative study of Japan, Britain and the Netherlands[J]. Urban studies, 1998,35(9):1541 – 1558.

Mubarak F A. Urban growth boundary policy and residential suburbanization: riyadh, saudi arabia[J]. Habitat international, 2004, 28(4):567 – 591.

Nanda A. Yeh J H. Spatio – temporal diffusion of residential land prices across Taipei regions[J]. Springer plus, 2014,3(1):505 – 519.

Nelson, A. C. Preserving prime farmland in the face of urbanization: lessons from oregon [J]. Journal of the american planning Association,1992

(58):467 - 488.

Ohnson M P. Environmental impacts of urban sprawl: a survey of the literature and proposed research agenda[J]. Environment and planning A, 2006,33(4):717 - 735.

Pacione M. Private profit, public interest and land use planning - a conflict interpretation of residential development pressure in glasgow's rural - urban fringe[J]. Land Use Policy,2013,32(5):61 - 77.

Pakarinen S. Mattila T. Melanen M, et al. Sustainability and industrial symbiosis—the evolution of a finish forest industry complex[J]. Resources conservation & recycling, 2010,54(12):1393 - 1404.

Pierce, John T. Conversion of rural land to urban: a canadian profile[J] . Professional geographer, 1981,33(2):163 - 173.

Plaut T R. Urban expansion and the loss of farmland in the united states: implications for the future[J]. American journal of agricultural economics, 1980,62(3):537 - 542.

R. Tan. Futian Qu, Nico H, Evy M. Rural to urban land conversion in china - how large is the over - conversion and what are its welfare implications? [J]. China economic review,2011,22(4):474 - 484.

Reckien D. Luedeke M K B. The social dynamics of suburbanization: insights from a qualitative model[J]. Environment and planning A,2014,46(4):980 - 1000.

Rothwell, J. and Massey, D. S. The effect of density zoning on racial segregation in u. s. urban areas[J]. Urban affairs review, 2009,44(6):779 - 806.

Sachs J L. Mueller U G, Wilcox T P, et al. The evolution of cooperation [J]. Quarterly review of biology, 2004,79(2):135 - 160.

Schatzki, T. Options, uncertainty and sunk costs: an empirical analysis of land use change[J]. Journal of environmental economics and management,

2003,46(1):86 – 105.

Scott,G. D. Plant symbiosis in attitude of biology[J]. Studies in biology on 16 Edward Arnold London,1969:58.

Sokka L. Pakarinen S. Melanen M. Industrial symbiosis contributing to more sustainable energy use – an example from the forest industry in kymen-laakso, finland[J]. Journal of cleaner production, 2011,19(4):285 – 293.

Stanback T. M. and Richard K. Suburbanization and the city [M]. Allanheld, Osmum and Co. Publishers Inc. Month clair, N. J, 1979.

Stéphane,Dupuy. Eric B. and Maud B. An object – based image analysis method for monitoring land conversion by artificial sprawl use of rapid eye and irs data[J]. Remote sense, 2012,4(2):404 – 423.

Sýkora L. Ourednek M. Sprawling post – communist metropolis: commercial and residential suburbanization in Prague and Brno, the Czech Republic, employment deconcentration in European metropolitan areas [M]. Springer Netherlands , 2007:209 – 233.

Wolfram G. The sale of development rights and zoning in the preservation of open space: lindahl equilibrium and a case study[J]. Land economics, 1981,57(3):398 – 413.

Xue Z. Yanwei C, Zifeng C, et al. Analysis of spatial and temporal patterns of daily activities of suburban residents based on gps data: a case study of the shangdi – qinghe area of beijing[J]. International review for spatial planning and sustainable development, 2016,4(1):4 – 16.

Yao Y. Wang S. Commuting tools and residential location of suburbanization: evidence from beijing[J]. Urban, planning and Transport research, 2014,2(1):274 – 288.

Yeh, A. F. and X. Li. Economic development and agricultural and loss in the pearl river delta china[J]. Habitat international,1999,23(3):373 – 390.

Yar P. Spatio – temporal analysis of urban expansion on farmland and its impact on the agricultural land use of mardan city, pakistan. Proceedings of the Pakistan academy of sciences: Pakistan Academy of Sciences B[J]. Life and environmental sciences,2016,53(1):35 – 46.

后　记

　　本书是在博士学位论文"农地城市流转及其决策研究"与国家自然科学基金项目"多目标多主体共生视角下农地城市流转决策与利益协调机制研究(71403083)"的基础上完成的。在此特别感谢国家自科基金委对项目的资助,感谢导师华中农业大学公共管理学院张安录教授对申请书的修改与完善,感谢项目评审并提出完善建议的各位专家,感谢课题中期检查时给予宝贵建议的各位同行。谢谢你们,正是有了你们的指导与建议,才有了今天的研究成果。

　　本书从之前对地方政府进行农地城市流转决策的分析到后来的流转决策与各参与主体的利益协调机制的探讨,主要是随着城市化的推进、社会的转型,两型社会的构建,农地大规模地向城市流转得到了一定的减缓。国家在处理城乡关系、土地制度改革等方面又迈出了重要的一步,特别是集体建设用地入市以及利用集体建设用地建设租赁性住房的试点为农地城市流转各参与主体的共生提供了基础。同时,在市场化配置土地方式得到快速推进的条件下,在农民利益诉求多元化、流转参与主体更加广泛、流转目标更加复杂的情况下,以政府与市场两种机制对农地城市流转多目标多主体的利益冲突及其根源进行探讨,构建利益协调机制更加有利于促进农地城市流转多目标多主体的共生。

　　由于时间关系,加上本人水平有限,本书在借鉴共生理论对农地城市流转决策与利益协调机制探讨时,试着构建了农地城市流转多目标多主体的共生系统。在此基础上,借鉴前人在博弈关系方面的研究对共生模式进行了初探,同时,由于数据的原因,对武汉市的共生实证分析仅从市场化程度及其与农地城市流转特征的关系进行分析,这里感谢研究生杨鹏同学对武汉市市场化数据的处理。感谢课题组所有成员:他们是湖北大学李国敏教授、华中农业大学公共管理学院张波清老师、张俊峰博士、曹瑞芬博士、硕士生代琳、李金凤、陈园、程佳同学;感谢华中农业大学公共管理学院胡伟艳教授、陈竹博士、张孝宇博士为本研究提供的部分数据;特别感谢北京师范大学周小平教授对本项目研究给予的指导工作;感谢张波清老师对本书的校核。在今后的研究中,还需要对共生实证分析以及共生模式进行深入探讨,研究生更加具有普适性的研究结果。

最后,再次感谢为该项目以及此书付出时间的专家、老师、同行、编辑以及研究生,本书的出版得到了光明日报出版社的大力支持,在此特别感谢,特别感谢出版社的编辑张金良与范晓虹两位老师,感谢你们不厌其烦的编辑与修改。该书的出版离不开家人的全力支持与配合,在此特别感谢你们一直以来的默默付出!针对本书存在的不足,敬请各位批评指正。

黄烈佳

2018 年 6 月 30 日